Fränkische Lieblingsrezepte

Ina Medick und Felix Wiesel

Fränkische Lieblingsrezepte

80 Gerichte von klassisch bis modern

J. BERG

Inhalt

Inhalt

Nikon
D7000

Vorwort

Heimat ist nicht nur ein Ort, sondern auch eine Sammlung von Erinnerungen, Gerüchen und Geschmäcken. Franken »schmeckt« anders als Bayern, Sachsen oder Nordrhein-Westfalen. Auch wenn es die ein oder andere Parallele zur bayerischen Küche gibt, ist fränkisches Essen einzigartig.

Einzigartig deshalb, weil es »die« fränkische Küche eigentlich nicht gibt. Es gibt Hunderte oder Tausende fränkische Küchen – so viele, wie es Dörfer und Städte in der Region gibt. Was fränkischen Rezepten aber gemeinsam ist: Wir mögen es schlicht. Mit wenigen regionalen Zutaten, aber viel Liebe entstehen so oft die leckersten Kreationen. Nur zu Festtagen (und davon gibt es einige im Jahr!) darf es aufwendiger sein. Diese Mischung aus alltagstauglicher, schneller Küche mit frischen Zutaten und genussvollen, festlichen Rezepten findet sich auch in diesem Buch wieder.

Deshalb ist »Fränkische Lieblingsrezepte« kein kulinarischer Reiseführer durch Franken, sondern unsere ganz persönliche Sicht auf die regionale Küche. Angefangen von Klassikern, die sich nicht verbessern lassen, über fast vergessene Küchen-Schätze bis hin zu modernisierten oder ganz neu entworfenen Rezepten findet sich für jeden Geschmack etwas. Wir wollen zeigen: Fränkische Gerichte sind vielfältiger als nur »Bier und Bratwurst«!

Auch wenn wir als Autorin und Fotograf natürlich die Rezepte zusammengetragen, gekocht, abgelichtet und aufbereitet haben, haben insgesamt vier Generationen an diesem Buch mitgeschrieben. Das beginnt bei Inas Urgroßmutter, deren Notizen überhaupt die erste Anregung für ein solches fränkisches Kochbuch gegeben haben. Unsere noch lebenden Großmütter haben bereitwillig ihre Rezepte mit uns geteilt und sogar die fast vergessene Kunst des »Küchla-Backens« wieder aufleben lassen. Nicht zu vergessen natürlich unsere Mütter, die mit uns viel Zeit in der Testküche verbracht haben.

So sind aus dem vereinten Wissen 80 Rezepte für Vorspeisen und Snacks, Hauptgerichte für den Alltag und Festtage sowie Kuchen und Desserts zusammengekommen. Da sich die fränkische Küche stark an saisonalen Zutaten orientiert, ist auch dieses Buch nach Jahreszeiten unterteilt. Wir freuen uns, unsere Leser auf eine Reise durch den Jahreslauf in der Region mitzunehmen.

Viel Spaß beim Nachkochen wünschen
Ina Medick und Felix Wiesel

Back Ina
BACKEN KOCHEN GENIESSEN
WWW.BACKINA.DE

CHICAGO

Frühling

Konfirmationen und Kommunionen, Ostern und schließlich Hochzeiten: Im Frühling gibt es bei uns in Franken jede Menge zu feiern. Dazu gehören Festtagsgerichte wie Sauerbraten und Buttercremetorte. Zu Konfirmation, Kommunion und zur Hochzeit werden zudem »Küchla ausgetragen«. Ich erinnere mich gut daran, dass wir zu meiner eigenen Konfirmation ein ganzes Wochenende lang unterwegs waren, um die Küchla zu ihren Empfängern zu bringen. Der feine Duft nach Arrak, Zitrone und Butterschmalz hing danach noch tagelang im Auto!

Fränkische Festtagssuppe

mit sieben verschiedenen Einlagen

Auf kaum einer Feierlichkeit darf diese Suppe fehlen, die in ähnlichen Varianten deutschlandweit bekannt ist. In Franken sollen der Überlieferung nach sieben Einlagen darin enthalten sein, damit die Suppe Glück bringt.

90 Minuten | Als Vorspeise für 6–8, als Hauptspeise für 4 Personen

Für die Leberklöße

1 EL weiche Butter
1 Ei
125 g gemahlene Leber
6 EL Semmelbrösel
1 kleine Zwiebel, fein gehackt
1 Msp. Majoran
1 Msp. Muskat
Salz, Pfeffer

Für den Eierstich

1 Ei
60 ml Milch
Salz, Muskatnuss

Für die Grießklößchen

25 g weiche Butter
Salz, Pfeffer
Muskatnuss
60 g Hartweizengrieß
1 Ei (Zimmertemperatur)

Weitere Zutaten

1 l Gemüse- oder Fleischbrühe
50 g Erbsen
2 Karotten in dünnen Scheiben
50 g Backerbsen
1–2 Pfannkuchen vom Vortag
Schnittlauch zur Garnitur

1. Für die Leberklöße rührst du zuerst die weiche Butter mit dem Ei glatt, dann mischst du die Leber, die Semmelbrösel und die gehackte Zwiebel unter, bis ein stichfester Teig entsteht. Diesen schmeckst du mit Majoran, Muskat, Salz und Pfeffer pikant ab und lässt ihn etwa 15 Minuten quellen.

2. Für den Eierstich verrührst du die angegebenen Zutaten und gießt die Mischung in eine flache Tasse oder eine kleine Schale, die du mit Alufolie abdeckst. Lass sie im heißen Wasserbad etwa 20–25 Minuten stocken.

3. Für die Grießklößchen kochst du derweil 250 ml Wasser mit der Butter sowie etwas Salz, Pfeffer und Muskat auf. Dann rührst du den Grieß ein und lässt alles etwas abkühlen. Rühre dann das Ei in die Grießmasse und schmecke diese pikant mit Salz, Pfeffer und Muskat ab.

4. Nun erhitzt du die Brühe, rollst aus der Lebermasse kleine Knödel und lässt diese etwa 20–25 Minuten darin ziehen (nicht sprudelnd kochen!).

5. Nach 10 Minuten Ziehzeit gibst du die Grießklößchen mithilfe von zwei Teelöffeln in die heiße Suppe. Weitere 5 Minuten später gibst du die Erbsen und Karotten hinein.

6. Währenddessen stichst du aus dem Eierstich Formen nach Wunsch aus und schneidest den aufgerollten Pfannkuchen in dünne Streifen. Gib kurz vor dem Servieren den Eierstich und den Pfannkuchen in die Suppe und lasse beides kurz mit warm werden.

7. Zum Servieren streust du die Backerbsen sowie etwas Schnittlauch über die Suppe.

Wildkräuter-Creme

mit gebeizter Forelle

Diese leichte Vorspeise vereint Wildkräuter mit gebeizter Forelle – für mich typische fränkische Frühlingsdelikatessen. Wenn du keine Wildkräuter findest, kannst du auf gemischte Kräuter vom Markt zurückgreifen.

30 Minuten | Kühlzeit: min. 4 Stunden | Ergibt 4 Portionen

1 Bund Wildkräuter
4 Blatt Gelatine
100 g süße Sahne
400 g Quark (20 % Fettgehalt)
1 Zitrone
Salz, Pfeffer, Chili (optional)
einige Blätter Salat und Tomaten zur Garnitur
250 g gebeizte (Lachs-)Forelle

1. Wasche die Wildkräuter und hacke sie klein. Weiche die Gelatine in kaltem Wasser ein und schlage die Sahne steif.

2. Rühre den Quark mit dem Saft der Zitrone und den Kräutern glatt und schmecke die Mischung pikant mit Salz, Pfeffer und optional etwas Chilipulver ab.

3. Dann drückst du die Gelatine aus und erwärmst sie leicht, bis sie sich auflöst. Darunter rührst du einige Löffel der Quarkcreme, bevor du die Gelatinemischung gleichmäßig unter die gesamte Quarkcreme mischst.

4. Stelle die Masse etwa 20 Minuten in den Kühlschrank, bis sie zu gelieren beginnt. Dann hebst du die Sahne darunter und verteilst die Wildkräuter-Creme auf vier Vorspeisen-Ringe oder kleine Weckgläser.

5. Nun lässt du die Creme mindestens 4 Stunden im Kühlschrank fest werden, bevor du sie mit etwas Salat, Tomaten sowie der gebeizten Forelle als Vorspeise servierst.

Tipp Statt Forelle kannst du auch geräucherten Schinken, zum Beispiel fränkischen Zwetschgabaames, dazu servieren.

Sauerbraten

nach altfränkischer Art

Sauerbraten ist eines meiner Lieblingsgerichte – und den besten macht natürlich meine Oma! Dieser traditionelle Braten darf auf kaum einer größeren Feierlichkeit rund ums Jahr fehlen.

3 Stunden | Marinierzeit: 48 Stunden | Ergibt 4 Portionen

Zum Marinieren

1 große Zwiebel, grob geschnitten
1 mittelgroße Karotte, grob geschnitten
150 ml Rotweinessig
1 Pck. Sauerbratengewürz
1 EL Zucker
je 1 TL Salz und Pfeffer
1 kg Rindfleisch aus der Oberschale

Für die Fertigstellung

1 EL Butterschmalz
1 Soßenlebkuchen
200 ml Rotwein
2 EL Zucker
3 EL Mehl
1 Prise Zimt

Tipp Dazu schmecken Klöße (Seidene oder Serviettklöße) und Rotkohl.

1. Gib alle Zutaten für die Marinade in einen Topf, gieße mit 1 l Wasser auf und lege das Rindfleisch hinein. Achte darauf, dass das Fleisch komplett bedeckt ist, ansonsten gieße etwas Wasser nach. Decke den Topf ab und lasse das Fleisch 1,5 bis 2 Tage marinieren.

2. Nimm das Fleisch heraus und trockne es gut ab. Die Marinade hebst du auf.

3. Erhitze das Butterschmalz und brate das Fleisch von allen Seiten darin gut an. Würze das Fleisch mit Salz und Pfeffer.

4. Gieße dann den Braten mit der Hälfte der Marinade auf und lasse ihn etwa 2 Stunden bei 170 °C (Ober-/Unterhitze) abgedeckt schmoren. Bei Bedarf kannst du noch mehr von der Marinade aufgießen.

5. Siebe die Marinade durch und lasse das Fleisch etwa 5 Minuten ruhen.

6. Weiche den Soßenlebkuchen im Rotwein ein. Nun erhitzt du die Butter in einem Topf und lässt darin den Zucker hellbraun karamellisieren. Gib dann das Mehl hinzu und lass es ebenfalls kurz bräunen.

7. Lösche die Mehlschwitze mit der durchgesiebten Marinade ab und gib den eingeweichten Lebkuchen dazu. Schmecke die Sauce mit Salz, Pfeffer und einer Prise Zimt ab und püriere sie nach Wunsch, damit sie noch feiner wird.

Kaninchenbraten

Fränkisch trifft mediterran

Kaninchen findet man nur noch selten im Restaurant. Vielleicht liegt es daran, dass das zarte Fleisch oft zu lange gegart wird. Mit mediterraner Würzung und langsamem Garen wird es eine echte Delikatesse!

2 Stunden | Ergibt 4 Portionen

1 küchenfertiges Kaninchen (etwa 1–1,5 kg)
je 1 rote und gelbe Paprikaschote
1 mittelgroßer Fenchel
2 große Zwiebeln
1 Knoblauchzehe
2 EL Olivenöl
Salz, Pfeffer
4–5 mittelgroße Tomaten (etwa 500 g)
400 ml Hühnerbrühe
150 ml Weißwein
Gemischte Kräuter, z. B. Basilikum, Thymian, Rosmarin, Estragon

1. Zerteile das Kaninchen, indem du die Schenkel abtrennst sowie den Rücken je einmal quer und längs halbierst. Wasche das Fleisch und tupfe es trocken.

2. Wasche und putze Paprika sowie Fenchel und schneide beides in mundgerechte Stücke. Die Zwiebel schneidest du in Ringe und die Knoblauchzehe in Scheiben.

3. Heize den Ofen auf 175 °C (Heißluft) vor.

4. Erhitze das Öl in einem Bräter und brate das Kaninchen rundherum leicht braun. Nimm das Fleisch aus dem Bräter und würze es mit Salz und Pfeffer.

5. Nun brätst du die Zwiebeln im Bratfett glasig und gibst dann nach und nach Paprika, Fenchel, Knoblauch und zum Schluss die Tomaten hinzu. Lösche die Mischung mit der Hühnerbrühe und dem Wein ab und würze alles mit den Kräutern sowie Salz und Pfeffer.

6. Lege die Kaninchenteile auf das Gemüse und schließe den Deckel. Dann lässt du das Kaninchen etwa 40–45 Minuten garen, bis das Fleisch durch, aber noch zart ist.

7. Schmecke die Sauce noch einmal mit Salz und Pfeffer ab und serviere das Kaninchenfleisch mit dem Gemüse.

Tipp Dazu schmecken Klöße, aber auch Weißbrot oder Salzkartoffeln.

Saiblingsfilets

mit Frühlingsgemüse und Weinschaum-Sauce

Der Saibling ist ein typisch fränkischer Fisch, der ähnlich wie Lachsforelle schmeckt. Mit Weinschaum-Sauce und frischem Gemüse wird daraus ein leichtes und aromatisches Sonntags- oder Karfreitagsessen.

1 Stunde | Ergibt 4 Portionen

1 mittelgroßer Brokkoli
1 Bund junge Karotten
1 mittelgroßer Kohlrabi
2 EL Butter
Salz, Pfeffer
100 ml Gemüsebrühe
2 Schalotten
1 Bund frischer Dill
200 ml Weißwein
200 g saure Sahne
1 TL Senf
4 Saiblingsfilets
(à ca. 100 g)
2 EL Kräuter- oder
Bärlauchbutter

1. Putze das Gemüse und schneide es in mundgerechte Stücke. Erhitze einen Esslöffel Butter in einer Pfanne mit Deckel und brate das Gemüse darin rundherum an.

2. Dann würzt du das Gemüse mit Salz und Pfeffer und löschst es mit der Gemüsebrühe ab. Lasse das Gemüse bei geschlossenem Deckel gar ziehen.

3. Währenddessen hackst du die Schalotten sowie den Dill ganz fein und dünstest die Schalotten in einem Esslöffel Butter glasig. Dann löschst du sie mit dem Wein ab und rührst die saure Sahne ein (am besten pürieren, damit es keine Stücke gibt). Zuletzt fügst du Dill und Senf hinzu und schmeckst die Sauce mit Salz und Pfeffer ab.

4. Zuletzt wäschst du den Fisch und tupfst ihn trocken. Erhitze die Kräuterbutter und brate den Saibling zuerst von der Hautseite etwa 2–3 Minuten, dreh ihn dann um und brate ihn noch einmal 1–2 Minuten auf der Oberseite an.

5. Würze den Saibling mit Salz und Pfeffer und serviere ihn sofort mit Gemüse, Sauce und gegebenenfalls mit Salzkartoffeln.

Tipp Anstelle von Filets kannst du auch ganze Saiblinge verwenden. Wickle den Fisch mit 1 TL Butter, frischen Kräutern und Zitronenscheiben fest in Pergamentpapier und gare ihn bei 220 °C im Ofen etwa 30 Minuten (je nach Größe).

Karpfen zu Ostern

mit Meerrettich und Preiselbeeren

Der Karpfen ist zu Unrecht in Verruf geraten. Bei falscher Zubereitung schmeckt er recht »moosig«. Dabei muss das traditionelle Karfreitagsessen nicht altbacken schmecken: Meerrettich und Preiselbeeren geben ihm neuen Pfiff.

30 Minuten | Ergibt 4 Portionen

500 g Karotten
1 EL Butter
1 EL Zucker
1 TL Vanille-Extrakt
2 EL Orangensaft
Salz, Pfeffer
Zitronenschale
4 Karpfenfilets
3 EL Mehl
2 EL Öl
50 g Sahne-Meerrettich
4 TL Preiselbeeren

1. Schäle die Karotten und schneide sie in Stifte. Erhitze die Butter und dünste die Karottenstifte darin etwa 2–3 Minuten an.

2. Dann streust du den Zucker darüber und brätst weiter, bis er leicht karamellisiert ist. Gib das Vanille-Extrakt sowie den Orangensaft hinzu und würze alles mit Salz, Pfeffer und ggf. etwas Zitronenschale. Lasse die Karotten noch 5–10 Minuten bei leiser Hitze köcheln, bis sie weich sind.

3. Nun wäschst du die Karpfenfilets, tupfst sie trocken und würzt sie mit Salz und Pfeffer.

4. Wende den Karpfen im Mehl und erhitze das Öl. Brate den Karpfen zuerst auf der Hautseite etwa 3–4 Minuten.

5. Dann wendest du ihn und brätst die Seite ohne Haut etwa 2–3 Minuten (je nach Dicke des Filets). Der Fisch sollte noch ganz leicht glasig sein.

6. Serviere die Karpfenfilets mit je 1 EL Meerrettich und 1 TL Preiselbeeren sowie den Karotten als Beilage.

Tipp Wenn du Sauce dazu haben möchtest, bereite eine Mehlschwitze aus 2 EL Butter und 1 EL Mehl zu und lösche das Ganze mit 200 ml Gemüsebrühe und 200 ml Milch ab. Verfeinere die Sauce mit 1–2 EL Meerrettich sowie Salz, Pfeffer und ggf. etwas Dill.

Eingeschnittene Klöße

Die ideale Resteverwertung

Eingeschnittene Klöße sind in ganz Franken beliebt. Dazu serviert man oft Bratenreste oder Fruchtkompott – bei mir gibt es allerdings die gesündere Variante mit frischem Gemüse.

30 Minuten | Ergibt 4 Portionen

4 Klöße vom Vortag
2 mittelgroße Karotten
½ Bund Frühlingszwiebeln
1 rote Paprika
100 g Champignons
1–2 EL Butterschmalz
1 kleine Zwiebel
100 g magere Speckwürfel (optional)
Salz, Pfeffer

1. Schneide die Klöße in grobe Würfel, putze das Gemüse und schneide es in mundgerechte Stücke.
2. Erhitze das Butterschmalz und brate die Kloß-Würfel darin rundherum etwa 5 Minuten goldbraun an. Nimm sie heraus und halte sie warm.
3. Brate als Nächstes die Zwiebel und (optional) den Speck an und gib nach und nach das weitere Gemüse hinzu.
4. Brate das Gemüse, bis es bissfest ist, und würze es dann mit Salz und Pfeffer.
5. Serviere das Gemüse mit den angebratenen Klößen.

Tipp Eingeschnittene Klöße lassen sich auch gut auf die Arbeit mitnehmen. Dazu solltest du die gebratenen Klöße und das Gemüse aber getrennt transportieren, damit die Klöße nicht weich werden.

Knieküchla

Fränkische Hefeteig-Krapfen

Ihren Namen erhielten die Knieküchla, weil der Teig früher geformt wurde, indem man die Teiglinge übers Knie zog. Das Schmalzgebäck ist geschmacklich einmalig und wird vor allem zur Hochzeit, Taufe und Konfirmation serviert.

2 Stunden | Backzeit: 1 Stunde | Ergibt etwa 20–30 Küchla, je nach Größe

400–500 ml Milch
60 g Hefe
2 TL Vanillezucker
1,5 kg Mehl
300 g Zucker
300 g Butter (Zimmertemperatur)
9 Eier
Saft und Schale einer halben Zitrone
3 EL Arrak
2 kg Butterschmalz

1. Zunächst erwärmst du die Milch ganz leicht und löst die Hefe mit dem Vanillezucker darin auf. Lasse dieses »Dämpfchen« an einem warmen Ort etwa 10 Minuten stehen, bis sich Schaum bildet, ein Zeichen, dass die Hefe aktiv ist.

2. Als Nächstes vermischst du Mehl und Zucker und knetest die Butter gründlich unter. Der Teig wirkt jetzt recht krümelig, aber das gibt sich noch!

3. Dann gibst du die Hefemilch, Eier sowie die Zitronenschale und den Saft hinzu. Knete alles gründlich unter, bis ein geschmeidiger Teig entsteht. Kratze dabei immer wieder die Reste von den Seiten der Schüssel in den Teig, aber Achtung: Der Teig darf auf keinen Fall trockene Stückchen enthalten!

4. Zuletzt knetest du den Arrak unter die Mischung (wichtig! Der Alkohol muss nach der Hefe unter den Teig). Der Teig ist fertig, wenn er sich leicht von der Schüssel löst.

5. Nun lässt du ihn abgedeckt an einem warmen Ort etwa 1 Stunde gehen, bis sich sein Volumen in etwa verdoppelt hat.

6. Sobald er gegangen ist, stichst du mit einem Esslöffel jeweils eine Portion Teig ab. Diese rollst du mit der Hand auf einem Brett, das du mit einem bemehlten Küchentuch abgedeckt hast, zu Kugeln aus. Achte darauf, dass jede Kugel eine glatte Oberfläche hat und der Teig keine Blasen enthält. Du darfst ruhig mit Druck rollen! (Gib nicht auf, das erfordert etwas Übung.)

7. Die Teigkugeln legst du mit genügend Abstand auf ein sauberes Küchentuch und deckst sie ab.

➜

Tipp Einfacher geht das Ausbacken, wenn die Teiglinge nur flachgedrückt und nicht »ausgezogen« im Ganzen gebacken werden. So entstehen nicht minder leckere »Kissen« – vor allem im Frankenwald findet man diese öfters.

8. Nun müssen die Teigkugeln erneut an einem warmen Ort gehen. Es dauert etwa 30 Minuten, bis sie ihr Volumen verdoppelt haben.

9. Derweil kannst du das Butterschmalz in einem weiten Topf erhitzen und eine kleine Schale lauwarmes flüssiges Butterschmalz oder Butter bereithalten, das brauchst du später für die Hände.

10. Achtung: Das Ausbacken müssen mindestens zwei Personen machen!

11. Sobald die Kugeln gegangen sind und das Butterschmalz heiß ist (Tipp: wenn sich an einem hineingehaltenen Holzlöffel Blasen bilden), beginnt Person 1 mit dem »Ausziehen«.

12. Dazu reibst du dir die Hände gründlich mit dem lauwarmen Butterschmalz / der Butter ein, nimmst eine Teigkugel und ziehst sie gleichmäßig von der Mitte her nach außen, wobei du sie im Kreis drehst. So wird der Teig in der Mitte immer dünner, und außen entsteht ein wulstiger Rand.

13. Gib den ausgezogenen Teig ins heiße Fett, wo Person 2 ein Auge auf die Küchla hat. Der Teig sollte sofort wieder nach oben steigen, und in der Mitte, wo der Teig ganz dünn ist, sollte eine Art »Blase« entstehen. Backe das Küchla etwa 2 Minuten, bis die Unterseite goldbraun ist.

14. Dann wendest du es vorsichtig mit zwei Holzlöffeln, ohne dabei die Struktur zu beschädigen. Jetzt sollte sich die »Blase« in der Mitte drehen und der typische »Teller« entstehen.

15. Achte darauf, dass in den Teller kein (oder nur ganz wenig) heißes Schmalz hineinkommt, er soll ganz weiß bleiben.

16. Sobald auch die zweite Seite goldbraun ist, nimmst du das Küchla vorsichtig aus dem Fett und lässt es auf einem Küchenkrepp abtropfen und erkalten. Wenn dabei der »Teller« nach unten schaut, bleibt die Form schöner.

Gschnittna Hosn

Schmalzgebackenes Festtagsgebäck

Dieses blätterteigartige Gebäck wird meist zu Geburtstagen oder Jubiläen gereicht. Der Name unterscheidet sich von Region zu Region: In Bayreuth nennt man es beispielsweise »Derra Kiechla« und in Kronach »Gschnittna Hosn«.

5 Stunden | Backzeit: 1 Stunde | Ergibt etwa 100 Stück, je nach Größe

1,25 kg Mehl
3 Eier
500 g Crème fraîche
¼ TL Salz
3 EL Zucker
4 EL Arrak
1 EL heller Essig
abgeriebene Zitronenschale
500 g Butter
150 g Zucker und 1 TL Zimt zum Wälzen
2 kg Butterschmalz

1. Aus dem Mehl, den Eiern, der Crème fraîche, dem Salz, Zucker, Arrak, Essig und etwas Zitronenschale knetest du einen glatten Teig. Dann legst du die Butter in großen Stücken darauf und arbeitest sie nur leicht ein, sodass noch größere Butterstücke zu sehen sind. Den fertigen Teig formst du zu einer flachen Scheibe und wickelst ihn in Frischhaltefolie. Lass ihn im Kühlschrank etwa 30 Minuten ruhen.

2. Rolle den Teig auf einer bemehlten Arbeitsfläche vorsichtig rechteckig etwa 2 mm dick aus. Dann schlägst du ein Drittel von der rechten Seite zur Mitte hin und klappst das linke Drittel darüber. Wickle den Teig in Frischhaltefolie und leg ihn für etwa 45 Minuten wieder in den Kühlschrank. Wiederhole das etwa 5- oder 6-mal. Den fertigen Teig lässt du dann über Nacht im Kühlschrank ruhen.

3. Am nächsten Tag erhitzt du das Butterschmalz in einem weiten Topf (oder heizt die Fritteuse vor). Mische Zucker und Zimt und stelle es bereit, ebenso eine Schicht Küchenkrepp.

4. Dann rollst du den Teig etwa 3 mm dick aus und schneidest mit einem Teigrädchen etwa 7 cm lange Dreiecke. In deren Mitte schneidest du je zwei parallele Öffnungen. Gib die Dreiecke nach und nach ins heiße Fett, wobei du sie entlang der Öffnungen zu Schleifen formst oder verdrehst.

5. Backe die Dreiecke etwa 2–3 Minuten, bis sie goldbraun sind.

6. Lass das fertige Gebäck kurz auf dem Küchenkrepp abtropfen und wälze es dann, noch heiß, im Zimtzucker.

Tipp Das Gebäck gibt es auch mit einem einfachen Knetteig. Dieses Rezept ist mit weiteren Tipps zum Küchla-Backen auf meinem Blog zu finden unter www.backina.de/kuechla.

Nusskuchen

Besonders saftig durch Sahne im Teig

Zum Kaffeeklatsch gibt es in Franken oft »trockenen Kuchen« wie z. B. Nusskuchen. Meine Variante ist herrlich locker und gleichzeitig saftig. Zudem hält sich der Kuchen lange frisch, ist also ideal zum Vorbereiten!

30 Minuten | Backzeit: 1 Stunde | Ergibt einen Gugelhupf oder ein halbes Blech

200 g süße Sahne
200 g Butter (zimmerwarm)
200 g Zucker
1 Prise Salz
5 Eier
200 g Mehl
1 Pck. Backpulver
200 g gemahlene Haselnüsse

1. Schlage zuerst die Sahne steif und stelle sie kalt.

2. Rühre nun die Butter mit dem Zucker sowie einer Prise Salz schaumig. Gib die Eier einzeln dazu und rühre weiter, bis die Masse noch schaumiger wird. Wenn sie leicht »krisselig« aussieht, ist das nicht schlimm – wahrscheinlich waren die Eier dann zu kalt.

3. Mische als Nächstes das Mehl, das Backpulver sowie die Nüsse miteinander und rühre sie vorsichtig unter die Eier-Butter-Mischung.

4. Zuletzt hebst du die Sahne unter. Verteile den Teig nun in eine Fettpfanne (meine war 30 x 20 cm) oder in eine gefettete und mit Mehl ausgestäubte Gugelhupfform.

5. Backe den Nusskuchen etwa 50–60 Minuten bei 175 °C Ober-/Unterhitze.

6. Wenn du möchtest, kannst du den Kuchen mit Schokoladenguss glasieren und nach Wunsch verzieren, z. B. mit kandierten Nüssen oder Schokostreuseln.

Tipp Wenn du den Nusskuchen direkt nach dem Auskühlen glasierst, hält er sich noch länger und trocknet nicht aus.

Xundheitskuchen

Bayreuther Traditionsrezept

Warum dieser Kuchen »Gesundheitskuchen« heißt? Angeblich hat man ihn früher nur dann serviert, wenn jemand im Haus krank war. Sicher ist aber, dass sich dieser einfache Rührkuchen hervorragend nach Lust und Laune variieren lässt!

30 Minuten | Backzeit: 20 Minuten | Ergibt 6 kleine Gugelhupfe

Für den Grundteig

5 Eier
1 Prise Salz
½ unbehandelte Zitrone
200 g Butter (Zimmertemperatur)
250 g Zucker
500 g Mehl
7 gestr. TL Backpulver
5 EL Milch

Zum Verfeinern

100 g Schokosplits ODER
75 g Cranberrys, Rosinen oder andere Trockenfrüchte ODER
2 EL Kakao und
1 EL Rum
Glasur oder Puderzucker (optional)

Tipp Du kannst den Teig auch in einer normalen Gugelhupfform backen. Dann erhöht sich die Backzeit auf etwa eine Stunde.

1. Trenne zuerst die Eier und schlage das Eiweiß mit einer Prise Salz steif. Reibe die Schale der Zitrone ab.

2. Schlage die Butter mit dem Zucker weiß-cremig (etwa 5 Minuten) und rühre anschließend das Eigelb sowie die abgeriebene Zitronenschale einzeln unter.

3. Mische das Mehl mit dem Backpulver und hebe dieses im Wechsel mit der Milch vorsichtig unter. Zum Schluss hebst du den Eischnee unter.

4. Nun kannst du den Teig entweder direkt backen oder weiter verfeinern: Rühre vorsichtig Schokosplits oder Trockenfrüchte unter. Für eine Marmor-Variante halbiere den Teig und rühre unter eine Hälfte den Kakao und den Rum.

5. Nun verteilst du den Teig auf deine gebutterten und mit Mehl ausgestreuten Gugelhupfförmchen und bäckst sie bei 175 °C (Ober-/Unterhitze) etwa 25 Minuten (Stäbchenprobe machen).

6. Nach dem Erkalten kannst du die Küchlein nach Wunsch mit Glasur oder Puderzucker verzieren.

Gold- und Silbertorte

Zitrone trifft auf Mandel

Erst vor Kurzem habe ich dieses traditionelle Rezept in den Notizen meiner Urgroßmutter wiederentdeckt. Modern als Naked Cake präsentiert ist der festliche Kuchen nicht nur ein Gaumen-, sondern auch ein Augenschmaus!

3 Stunden | Kühlzeit: 4 Stunden | Ergibt eine 20- oder 26-cm-Torte

Für den »Gold-« und »Silber-Teig«

150 g weiche Butter
300 g Zucker
1 Pck. Backpulver
500 g Mehl
5 Eier
125 ml Milch
Abgeriebene Schale einer Zitrone
50 g gemahlene Mandeln
2 EL Amaretto
100 g Lemon Curd zum Bestreichen der »Gold-Böden«
6 EL Amaretto zum Tränken der »Silber-Böden«

1. Rühre Butter und Zucker cremig und teile die Masse in zwei gleiche Teile.

2. Vermische das Backpulver mit dem Mehl und teile es ebenfalls in zwei Hälften.

3. Trenne die Eier und halte Eigelb sowie Eiweiß getrennt bereit.

4. Bereite als Erstes den »Gold-Teig« zu. Dazu vermischst du das Eigelb mit der Milch und rührst sie unter die eine Hälfte der Butter-Zucker-Mischung.

5. Gib die Zitronenschale sowie die eine Hälfte der Mehlmischung hinzu.

6. Backe den »Gold-Teig« bei 175 °C Ober-/Unterhitze in einer Springform etwa 40 Minuten (Stäbchenprobe machen).

7. Nun bereitest du den »Silber-Teig« zu: Mische die zweite Hälfte der Mehlmischung, die Mandeln, den Amaretto sowie bei Bedarf noch 1–2 EL Milch (falls der Teig zu trocken ist) unter die zweite Hälfte der Butter. Schlage das Eiweiß zu Schnee und hebe es vorsichtig unter.

8. Backe den »Silber-Teig« bei 175 °C Ober-/Unterhitze ebenfalls etwa 40 Minuten (Stäbchenprobe machen). →

Für die Buttercreme
500 ml Milch
3 EL Zucker
1 Pck. Vanille-Puddingpulver
250 g weiche Butter
1 EL Vanille-Extrakt oder Mark einer Vanilleschote
Puderzucker nach Wunsch

9. Während die Böden auskühlen, bereitest du die Buttercreme vor. Koche dazu aus der Milch, dem Zucker und dem Puddingpulver einen Pudding nach der Packungsanleitung und lass ihn abkühlen.

10. Schlage nun die Butter weiß-cremig (etwa 5 Minuten) und rühre das Vanille-Extrakt unter.

11. Rühre den Pudding esslöffelweise unter, sodass eine glatte Creme entsteht. Du kannst nach Wunsch noch mit Puderzucker nachsüßen.

12. Danach schneidest du die beiden Böden horizontal durch. Die »Silber-Böden« tränkst du mit dem Amaretto, die »Gold-Böden« bestreichst du mit dem Lemoncurd.

13. Nun schichtest du jeweils abwechselnd einen »Gold-« und einen »Silber-Boden« mit der Buttercreme aufeinander.

14. Verziere die Torte nach Wunsch.

Tipp Wenn du die Torte klassisch servieren möchtest, verdopple einfach die Menge der Buttercreme und bestreiche die Torte auch von außen. Angenehmer Nebeneffekt: Sie bleibt länger frisch.

Schoko-Buttercreme-Torte

»Sündhaft« gut wie bei Oma

Bei kaum einem Festtag darf eine prächtige Torte fehlen. In Franken darf es dann gerne eine opulente Buttercremetorte sein! Natürlich ist das kein »Diätrezept«, aber der schokoladige Geschmack ist es wert.

3 Stunden | Kühlzeit: 4 Stunden

Für den Biskuit

4 große Eier
175 g feiner Backzucker
1 TL Vanille-Extrakt oder
1 Pck. Vanillezucker
125 g Mehl
50 g Speisestärke
1 gestr. TL Backpulver

Für die Schoko-Buttercreme

500 ml Milch
3–4 EL Zucker
1,5 Pck. Schoko-Puddingpulver
50 g Zartbitterschokolade
250 g weiche Butter
1 EL Rum (optional)

1. Für den Biskuit trennst du zuerst die Eier und schlägst das Eigelb mit 4 EL heißem Wasser auf, bis die Masse dickcremig und weißlich ist.

2. Lasse nach und nach zwei Drittel vom Zucker einrieseln und rühre weiter, bis die Masse cremig ist und sich der Zucker vollständig gelöst hat. Dann schlägst du das Vanille-Extrakt unter.

3. Schlage das Eiweiß zu Schnee, wobei du das letzte Drittel des Zuckers einrieseln lässt. Der Eischnee sollte sehr steif, schnittfest und glänzend sein.

4. Hebe den Eischnee vorsichtig unter die Eigelbmasse. Siebe dann das mit dem Backpulver und der Speisestärke vermischte Mehl darauf und hebe es ebenfalls vorsichtig unter (nicht rühren!).

5. Gib die Masse in eine Springform mit 26 cm Durchmesser und backe den Biskuit bei 175 °C (Ober-/Unterhitze) etwa 35–40 Minuten (Stäbchenprobe machen). Lass den fertigen Boden gut abkühlen.

6. Bereite aus der Milch, 3–4 EL Zucker und dem Schoko-Puddingpulver einen Pudding zu, in dem du noch im heißen Zustand die 50 g Zartbitterschokolade schmelzen lässt. Lass den Pudding auf Zimmertemperatur abkühlen.

7. Rühre als Nächstes die Butter etwa 5 Minuten weiß-cremig und schlage dann den Schokopudding esslöffelweise unter. Wenn du magst, kannst du die Creme noch mit Rum verfeinern.

→

Für die Garnitur
100 g Schokolade nach Wahl
100 g Marmelade (z. B. Kirsch oder Johannisbeer)
100 g Schokoraspel oder Mokkabohnen zur Deko

8. Schneide den Boden dreimal durch, sodass vier dünne Böden entstehen.

9. Schmelze nun die Schokolade im Wasserbad und lege einen Tortenring am Boden mit Backpapier aus. Darauf streichst du die geschmolzene Schokolade und legst direkt einen der Böden darauf.

10. Streiche die Hälfte der Marmelade auf den Boden und dann ein Viertel der Buttercreme. Lege den zweiten Boden darauf und wiederhole das Ganze.

11. Auf den dritten Boden streichst du wieder ein Viertel der Buttercreme. Schließe mit dem vierten Boden ab und verstreiche die restliche Buttercreme gleichmäßig um die Torte. Wenn noch etwas übrig ist, kannst du damit Rosetten auf die Oberfläche spritzen. Dekoriere die Torte mit Schokospänen und gegebenenfalls mit Mokkabohnen oder Schoko-Ornamenten und lass sie mindestens 4 Stunden durchkühlen, bevor du sie servierst.

Tipp Noch saftiger wird die Torte, wenn du die Böden vor dem Zusammensetzen mit einer Mischung aus Wasser und Puderzucker (zu gleichen Teilen, und ggf. etwas Rum) bestreichst.

Eierring

Tradition zum Osterfrühstück

An Ostern bekommen Bayreuther Kinder traditionell ein Patenbündel, bestehend aus einem in ein Tuch gewickelten »Eierring«, einem Hefezopf. In dessen Mitte liegen gefärbte Eier, Schokolade oder kleine Geschenke.

1 Stunde | Gehzeit: 30 Minuten | Ergibt einen großen Zopf

600 g Mehl (Type 550)
1 TL Salz
10 g frische Hefe
3 EL Zucker
100 ml lauwarme Milch
200 g weiche Butter
2 Eier
2 Eigelb
1 Ei und 2 EL Milch zum Bestreichen
Mandelblättchen zum Verzieren (optional)

1. Mische das Mehl mit dem Salz und forme eine Kuhle in der Mitte. Darin vermischst du die Hefe mit dem Zucker sowie 2–3 EL der Milch. Lasse dieses »Dämpfchen« abgedeckt etwa 10 Minuten stehen, bis sich kleine Blasen bilden.

2. Dann gibst du die restlichen Zutaten hinzu und knetest einen glatten Teig daraus. Diesen lässt du nun etwa 10 Minuten an einem warmen Ort gehen.

3. Drittle den Teig und forme drei gleich lange, etwa fingerdicke Stränge. Daraus flichtst du einen lockeren Zopf, den du zu einem Kranz zusammenlegst. Aus den Teigresten formst du eine Schnecke oder ein Häschen, das die Nahtstelle überdeckt.

4. Nun lässt du den Eierring noch einmal etwa 30 Minuten an einem warmen Ort gehen.

5. Heize dazu den Ofen auf 200 °C (Ober-/Unterhitze) vor und stelle ein kleines Schälchen mit Wasser hinein.

6. Bestreiche den Eierring mit der Mischung aus Ei und Milch und bestreue ihn nach Wunsch mit Mandelblättchen. Backe ihn dann etwa 30–40 Minuten goldgelb.

Tipp Durch den hohen Butteranteil bleibt der Eierring einige Tage frisch, du kannst ihn also perfekt vorbereiten. Wickle ihn in Frischhaltefolie, lagere ihn trocken und kühl (aber nicht im Kühlschrank) und backe die Stücke bei Bedarf etwas auf.

Fränkische Weckla

Vielseitiger Klassiker zum Frühstück

Weckla sind ein süßes Frühstücksgebäck, das in vielen fränkischen Bäckereien verkauft wird. Traditionell werden sie pur gebacken, aber Schokoladenstückchen oder Rosinen passen auch gut hinein und bringen Abwechslung auf den Tisch.

30 Minuten | Gehzeit: 1–2 Stunden | Ergibt 8 Stück

125 ml Milch
10 g frische Hefe
80 g Zucker
100 g Butter
2 Eier
500 g Mehl
100 g Schokodrops oder Rosinen (optional)
1 Eigelb zum Bestreichen

1. Erwärme die Milch auf Zimmertemperatur und löse die Hefe mit 2 EL vom Zucker darin auf. Lass die Mischung etwa 10 Minuten stehen, bis sich Blasen bilden, dann ist die Hefe aktiv.

2. Verknete alle Zutaten zu einem glatten Teig. Wenn du Schokodrops oder Rosinen verwendest, knete diese zum Schluss unter.

3. Lass den Teig an einem warmen Ort abgedeckt etwa 2 Stunden (oder im Kühlschrank über Nacht) gehen, bis sich sein Volumen verdoppelt hat.

4. Forme aus dem Teig 8 Brötchen, die du mit genügend Abstand auf ein Backblech setzt. Streiche sie mit dem Eigelb ein.

5. Lass die Weckla bei 175 °C (Ober-/Unterhitze) etwa 25–30 Minuten backen.

Tipp Wenn du den Teig ohne Schokolade oder Rosinen zubereitest, kannst du daraus sogenannte »Kretzaweckla« machen: Dazu formst du den Teig zu flachen Fladen, die du zweimal längs einschneidest. Die Backzeit reduziert sich dann auf 15 bis 20 Minuten.

Erdbeerkuchen

mit Keksboden wie beim Bäcker

Endlich Erdbeerzeit! Ein locker-leichter Erdbeerkuchen lässt sich auch wunderbar zu Hause machen: knuspriger Keksboden, fluffiger Teig und saftige Beeren sorgen für ein besonderes Geschmackserlebnis.

3 Stunden | Kühlzeit: 4 Stunden | Ergibt ein kleines Blech

Für den Mürbeteigboden

250 g Mehl
75 g Zucker
1 Ei
125 g kalte Butter

Für den Biskuitboden

2 Eier
60 g Zucker
1 Pck. Vanillezucker
75 g Mehl
50 g Speisestärke
1 TL Backpulver

Für den Belag

400 ml Milch
4 EL Zucker
1 Pck. Vanille-Puddingpulver
100 g süße Sahne
1 Pck. Tortenguss
125 g Nussnougat
750 g Erdbeeren

Tipp Wenn du auf den noch heißen Pudding ein Stück Frischhaltefolie legst, vermeidest du, dass sich eine Haut darauf bildet.

1. Verknete die Zutaten für den Mürbeteig, bis ein glatter Teig entsteht, und stelle ihn etwa 30 Minuten kalt.

2. Derweil bereitest du den Biskuit zu: Schlage die Eier mit 2–3 EL warmem Wasser cremig auf und lasse dabei den Zucker und den Vanillezucker nach und nach einrieseln. Die Masse sollte nach etwa 5 Minuten Rühren dickcremig sein, der Zucker sollte sich vollständig gelöst haben.

3. Dann vermischst du das Mehl mit der Stärke und dem Backpulver. Siebe die Mischung auf die Eimasse und hebe sie vorsichtig unter (nicht rühren!).

4. Backe den Biskuit bei 175 °C etwa 15–20 Minuten.

5. Als Nächstes rollst du den Mürbeteig aus und bäckst ihn bei gleicher Temperatur etwa 10 Minuten, bis er hellbraun ist.

6. Koche aus den 400 ml Milch, den 4 EL Zucker und dem Vanille-Puddingpulver nach Packungsanleitung einen Pudding und lass ihn abkühlen. Schlage dann die Sahne steif und hebe sie vorsichtig unter den Pudding.

7. Erwärme das Nougat, bis es streichfähig ist, verteile es auf dem Mürbeteigboden und setze vorsichtig den Biskuitboden darauf. Obendrauf streichst du nun die Puddingcreme und verteilst die halbierten Erdbeeren gleichmäßig darüber.

8. Bereite den Tortenguss nach Packungsanleitung zu und verteile ihn über den Erdbeeren.

Erdbeermarmelade

Der Klassiker neu aufgelegt

Um die Erdbeerzeit zu verlängern, ist Erdbeermarmelade genau das Richtige. Durch Tonkabohne und Zitrone bekommt Omas traditionelle Rezeptur neue Geschmacksnoten.

1 Stunde | Ergibt 4–5 Gläser

1 kg Erdbeeren
500 g Gelierzucker 2:1
2 EL Zitronensaft
etwas Tonkabohnenabrieb
1 Vanilleschote

1. Wasche die Erdbeeren, putze sie, schneide sie in grobe Stücke und püriere die Mischung nach Belieben.

2. Mische die Erdbeeren mit dem Gelierzucker und lasse alles etwa 20 Minuten ziehen.

3. Dann gibst du den Zitronensaft, das Mark der Vanilleschote sowie die leere Schote und etwas Tonkabohnenabrieb hinzu und kochst alles unter Rühren auf. Lasse die Mischung 4 Minuten sprudelnd kochen und mache die Gelierprobe: Dazu gibst du einen Esslöffel der Masse auf einen Teller und stellst ihn kurz in den Kühlschrank. Die Masse sollte nach wenigen Minuten fest sein.

4. Gelingt die Gelierprobe, kannst du die Vanillestange entfernen und alles in saubere Marmeladengläser abfüllen.

5. Schraube sie zu und stelle die Gläser 5–10 Minuten auf den Kopf. So werden eventuelle Keime im Deckel abgetötet, und der Deckel wird so fester verschlossen. Dann umdrehen und komplett auskühlen lassen.

Tipp Anstelle von Tonkabohne kannst du zum Verfeinern auch etwas zerstoßenen rosa Pfeffer oder Holunderblüten(-sirup) verwenden.

Spargel aus dem Ofen

Aromatischer als in Wasser zubereitet

Franken ist eine Spargelregion, aber leider wird der Spargel oft »totgegart«. Damit der Geschmack erhalten bleibt, gare ich meinen Spargel im Ofen. Dabei entsteht auch gleich eine wunderbare Basis für eine aromatische Sauce.

30 Minuten | Backzeit: etwa 30 Minuten | Ergibt 4 Portionen

1 kg Spargel
50 g Butter
Saft von ½ Orange
Salz, Zitronenpfeffer
2 EL Puderzucker

1. Schäle den Spargel und schneide die holzigen Enden ab.

2. Lege die Spargelstangen nebeneinander auf ein großes Stück Backpapier oder Alufolie, das du in eine Fettpfanne oder auf ein Blech gelegt hast. Das Stück sollte mindestens doppelt so groß sein wie die Fläche, die der Spargel benötigt.

3. Auf dem Spargel verteilst du die Butter in Flöckchen, den Orangensaft sowie Salz und Zitronenpfeffer. Zum Schluss siebst du den Puderzucker gleichmäßig über die Spargelstangen.

4. Verschließe die Alufolie auf allen Seiten fest, sodass ein Paket entsteht.

5. Backe den Spargel bei 180 °C (Ober-/Unterhitze) etwa 30–35 Minuten je nach Dicke der Stangen und serviere ihn nach Wunsch.

Tipp Wenn du eine größere Menge Spargel zubereitest, solltest du zwei oder mehr Pakete machen, sonst wird der Spargel nicht gar.

Spargelsalat

Spargel trifft Erdbeeren

Als Kind mochte ich keinen Spargelsalat – er war mir oft zu sauer und zu weich. Bissfest gegart und mit regionalen Erdbeeren kombiniert wird der traditionelle Spargelsalat jedoch zu einem wahren Hochgenuss!

45 Minuten | Ergibt 4 Portionen

2 kg weißer Spargel
500 g Erdbeeren
200 g Cocktailtomaten
2 EL Butter
2 EL Puderzucker
2-3 EL Balsamicoessig

1. Schäle den Spargel, entferne die holzigen Enden und schneide ihn in etwa 5 cm lange Stücke. Die Erdbeeren wäschst du und halbierst sie, ebenso die Cocktailtomaten.

2. Erhitze die Butter in einer Pfanne und brate den Spargel bei niedriger Hitze an. Dann siebst du den Puderzucker darüber und lässt ihn kurz karamellisieren.

3. Lösche mit etwa 100 ml Wasser sowie dem Essig ab und lasse die Mischung etwa 5–6 Minuten köcheln, bis der Spargel bissfest ist.

4. Dann gibst du die Tomaten hinzu und lässt alles 2–3 Minuten weiterköcheln. Zuletzt mischst du die Erdbeeren unter und schmeckst den Salat mit Salz, Pfeffer und ggf. noch etwas Puderzucker ab.

5. Serviere den Spargelsalat mit Baguette. Auch kurzgebratenes Fleisch passt gut dazu.

Tipp Anstelle von Tomaten kannst du den Salat auch mit Rucola verfeinern. Gib ihn mit den Erdbeeren erst ganz zum Schluss hinzu, damit er knackig bleibt.

Frühlingsgemüse-Pfanne

Saisonale Idee für die Lunchbox

Solange junges Gemüse Saison hat, sollte man es genießen! Für Berufstätige ist diese Frühlingsgemüse-Pfanne ideal, denn sie ist schnell vorbereitet, und die Reste lassen sich gut als Mittagessen für den nächsten Tag mitnehmen.

3 Stunden | Kühlzeit: 4 Stunden | Ergibt 4 Portionen

300 g junge Kartoffeln
4 junge Karotten
250 g Brokkoli
200 g Zuckerschoten
2 EL Öl
100 ml Gemüsebrühe
1 TL Paprikapulver
Salz, Pfeffer

Für den Kräuterquark
250 g Magerquark
2 EL Milch oder Mineralwasser
1 Bund Bärlauch
Salz, Pfeffer, Paprikapulver

Tipp Zum Transportieren Kräuterquark, Kartoffeln und Gemüse getrennt einpacken. Kurzgebratenes (z. B. Minutensteaks oder Putenschnitzel) schmeckt gut dazu, wenn du auf Fleisch nicht verzichten möchtest.

1. Koche die Kartoffeln in Salzwasser etwa 10 Minuten, bis sie bissfest, aber nicht zu weich sind. Gieße das Wasser ab und lasse die Kartoffeln kurz abkühlen.

2. Vermische für den Kräuterquark den Magerquark mit der Milch bzw. dem Mineralwasser. Hacke den Bärlauch klein, hebe ihn unter den Quark und schmecke die Mischung mit Salz, Pfeffer und ggf. Paprikapulver ab. Stelle den Quark bis zum Servieren kalt.

3. Putze das Gemüse und schneide es in Stücke. Erhitze 1 EL Öl in einer Pfanne und brate das Gemüse bei kleiner Hitze rundherum etwa 5 Minuten. Lösche die Mischung mit der Gemüsebrühe ab und lasse das Gemüse weiterköcheln, bis es weich ist.

4. Derweil schneidest du die Kartoffeln in Spalten und mischst sie in einer Schüssel mit dem Paprikapulver, Salz und Pfeffer sowie dem zweiten Esslöffel Öl.

5. Brate die Kartoffeln rundherum knusprig und serviere sie gemeinsam mit dem Frühlingsgemüse und dem Kräuterquark.

Sommer

Beeren, Bohnen, Kirschen, Kohlrabi, Tomaten und vieles mehr schmecken in den Sommermonaten am besten. Meine Großeltern haben einen großen Gemüsegarten, aus dem wir uns oft eindecken. Deshalb stehen viele Gemüsegerichte und süße Hauptgerichte mit Obst auf dem Speiseplan. Daneben locken im Sommer eine Vielzahl an Kerwas (Kirchweihen) und Biergärten mit herzhaften oder süßen Spezialitäten. Mein Favorit der Brotzeit-Küche ist dabei schlicht und lecker: Oft bestelle ich einen »Ziebalaskees« – eine Art Kräuterquark – mit Brot und Radieschen.

Bohnapfiffa

Gemüsepfanne mit grünen Bohnen und Ei

Bohnapfiffa ist einfach und schnell zubereitet, aber leider fast in Vergessenheit geraten. Zu Unrecht, denn dieses leichte sommerliche Gericht aus Oberfranken schmeckt an heißen Tagen hervorragend!

20 Minuten | Ergibt 4 Portionen

1 kg grüne Bohnen
1 Bund Bohnenkraut
6 Eier
Salz, Pfeffer
1 kleine Zwiebel
2 EL Butter

1. Koche die Bohnen in Salzwasser mit einigen Zweigen Bohnenkraut bissfest und gieße sie ab.

2. Verquirle die Eier in einer Schüssel mit Salz und Pfeffer.

3. Schneide die Zwiebel in feine Würfel und dünste sie in der Butter glasig.

4. Dann gibst du die Bohnen sowie einige Zweige Bohnenkraut hinzu und gießt die Eiermasse darüber.

5. Brate die Mischung jetzt wie Rühreier unter häufigem Wenden fertig, bis das Ei gestockt ist.

6. Schmecke nochmals mit Salz und Pfeffer ab.

Tipp Um die Bohnapfiffa weiter zu verfeinern, kannst du Tomaten- oder Karottenwürfel und ggf. Speckwürfel daruntermischen.

Fränkischer Gemüseeintopf

Auch genannt »Schnitz«

Jede Region bereitet ihre Gemüsesuppe anders zu. In Franken darf sie mit Einbrenne dickcremig gebunden sein. Bei mir steht das Gemüse im Vordergrund, sodass eine etwas leichtere Version entsteht – das ist jedoch nicht minder lecker!

30 Minuten | Ergibt 4–6 Portionen

300 g Kartoffeln
3 mittelgroße Karotten
1 kleiner Kohlrabi
1 Lauchstange
1 Liter Gemüsebrühe
2 EL Butter
2 gestrichene EL Mehl
Salz, Pfeffer
½ Bund Petersilie (optional)
4 Wiener Würstchen (optional)

1. Schäle die Kartoffeln sowie die Karotten und schneide beides in Scheiben. Den Kohlrabi schneidest du nach dem Schälen in flache Stücke.

2. Den Lauch putzt du, schneidest ihn in Ringe und wäschst ihn dann – so wird die eventuell enthaltene Erde komplett entfernt.

3. Gib das Gemüse mit Ausnahme des Lauchs in die kochende Gemüsebrühe und lasse alles etwa 10 Minuten garen. Dann gibst du den Lauch hinzu und lässt die Suppe 3–4 Minuten weiterkochen, bis das Gemüse bissfest ist.

4. Währenddessen erhitzt du die Butter in einem kleinen Topf, gibst das Mehl hinzu und lässt die Masse etwa 2 Minuten unter Rühren bräunen. Dann löschst du die Einbrenne mit einer Schöpfkelle der Brühe ab, bis du eine puddingartige Konsistenz erhältst.

5. Diese Mehl-Butter-Mischung gibst du in die Suppe und lässt alles noch einmal kurz aufkochen, sodass die Suppe eindickt. Dann schmeckst du sie mit Salz und Pfeffer sowie optional frischer Petersilie ab.

6. Wenn du Würstchen zur Suppe servieren möchtest, gibst du diese noch kurz zum Anwärmen hinein, lässt die Suppe aber nicht mehr kochen.

Tipp Wenn dir die Suppe noch etwas zu dünn ist, verdopple die angegebene Menge der Einbrenne.

Kohlrabigemüse

Die Beilage wird zum Hauptdarsteller

Kohlrabigemüse – eine beliebte Beilage zu Omas Essen. Aber Kohlrabi muss nicht langweilig sein! Bei mir wird mit frischen Karotten und Kernen ein sommerlicher Salat daraus, der sich super als Beilage zum Grillen eignet.

30 Minuten | Ziehzeit: 1 Stunde | Ergibt 4 Portionen

1 mittelgroßer Kohlrabi (ca. 400 g)
4–5 Karotten (ca. 300 g)
2 EL Butter
1 EL heller Fruchtessig (z.B. Apfel oder Quitte)
100 ml Gemüsebrühe
Salz, Zitronenpfeffer
1 Bund Petersilie
3 EL Sonnenblumenkerne

1. Putze den Kohlrabi sowie die Karotten und schneide beides in Scheiben.

2. Erhitze die Butter und brate das Gemüse kurz an.

3. Lösche mit dem Essig und der Gemüsebrühe ab und lasse das Gemüse darin etwa 10 Minuten bissfest garen.

4. Nimm es dann vom Herd und würze es mit Salz und Zitronenpfeffer sowie ggf. etwas mehr Essig. Lass die Mischung etwa 1 Stunde ziehen und würze dann ggf. erneut ab.

5. Schneide die Petersilie klein und röste die Sonnenblumenkerne in einer Pfanne ohne Fett an, bis sie zu duften beginnen. Gib beides kurz vor dem Servieren zum Kohlrabigemüse.

Tipp Wenn du möchtest, kannst du das Gemüse auch direkt warm servieren. Dann entfällt die Ziehzeit und du solltest ggf. etwas stärker würzen.

Fleischküchla

Fränkische Frikadellen mit Sommergemüse

Frikadellen heißen in Franken »Fleischküchla«. Normalerweise serviert man dazu Kartoffelsalat (s. S. 120). Mit einem aromatischen Sommergemüse-Salat wird daraus ein leckeres Mittagessen, das sich auch gut zum Mitnehmen eignet.

30 Minuten | Ergibt 4 Portionen

Für die Fleischküchla

1 kleine Zwiebel
500 g gemischtes Hackfleisch
3–4 EL Semmelbrösel
2 Eier
Salz, Pfeffer, Muskat, Majoran
2 EL Butterschmalz oder Öl

Für das Sommergemüse

1 mittelgroße Zucchini
2–3 Lauchzwiebeln
2 Paprika (rot, gelb oder orange)
4 mittelgroße Tomaten
1 EL Öl
1 EL Balsamico
1 TL italienische Kräuter
Basilikum oder Thymian zum Verfeinern

1. Hacke die Zwiebel ganz fein und verknete für die Fleischküchla das Hackfleisch, die Semmelbrösel, die Zwiebel sowie die Eier mit Salz, Pfeffer, etwas Muskat und Majoran. Lasse die Masse kurz ruhen, damit die Semmelbrösel quellen.

2. Für das Sommergemüse wäschst und putzt du derweil Zucchini, Lauchzwiebeln, Paprika sowie Tomaten und schneidest alles in Stücke.

3. Erhitze 1 EL Öl und brate Zucchini, Lauchzwiebeln sowie Paprika darin rundherum an. Dann gibst du die Tomaten, den Balsamico sowie die italienischen Kräuter hinzu und lässt das Gemüse etwa 10 Minuten vor sich hin köcheln, bis es gar ist.

4. Derweil formst du aus dem Hackfleisch flache Bällchen und brätst sie von jeder Seite etwa 4–5 Minuten im heißen Butterschmalz oder Öl, bis sie goldbraun und vollständig durchgebraten sind.

5. Schmecke das Gemüse noch mit Salz, Pfeffer sowie frischem Basilikum oder Thymian ab und serviere es zu den Fleischküchla.

Tipp Wenn du die Fleischküchla variieren möchtest, kannst du sie scharf mit Chili abschmecken oder etwas Tomatenmark, griechische Kräuter und Schafskäse-Würfel hineinkneten.

Grießflammeri

mit Beeren als Dessert im Glas

Grießflammeri ist ein Dessert, das schon meine Urgroßmutter gerne serviert hat. Mit frischen Beeren im Glas angerichtet wird ein leichtes Sommerdessert daraus. Die Farben erinnern sogar ein wenig an die fränkische Fahne!

30 Minuten | Kühlzeit: 4 Stunden | Ergibt 4 Portionen

Für das Grießflammeri

½ Vanilleschote
1 l Milch
abgeriebene Schale einer halben unbehandelten Zitrone
130 g Grieß
2 frische Eier
70 g Zucker
1 Prise Salz

Für die Beeren-Sauce

2–3 EL Zucker
4 EL Orangensaft
250 g Beeren nach Wahl
1 TL Speisestärke

1. Kratze die Vanilleschote aus und bringe die Milch mit dem Vanillemark, der Zitronenschale sowie der restlichen Vanilleschote zum Kochen. Ziehe den Topf vom Herd, rühre den Grieß unter und lasse die Masse etwa 2–3 Minuten abkühlen, bis der Grieß gequollen ist.

2. Trenne derweil die Eier und verrühre das Eigelb mit dem Zucker. Das Eiweiß schlägst du mit einer Prise Salz steif.

3. Entferne dann die Vanilleschote aus dem Grießbrei und rühre vorsichtig die Eigelb-Zucker-Mischung unter, wobei du die Masse noch einmal leicht erwärmst, bis sie andickt.

4. Sobald der Grießbrei wieder etwas abgekühlt ist, hebst du den Eischnee unter und verteilst die Mischung auf 4 Dessertgläser. Lass den Grießpudding mindestens 4 Stunden im Kühlschrank fest werden.

5. Für die Beeren-Sauce lässt du den Zucker zuerst hellbraun karamellisieren und löschst die Mischung mit dem Orangensaft ab. Dann gibst du die Beeren hinzu und lässt alles etwa 5 Minuten köcheln.

6. Rühre dann die Speisestärke mit etwas Saft glatt und binde die Sauce damit, bevor du sie über den Grießpudding verteilst.

Tipp Wenn du keine frischen Eier bekommst, kannst du sie auch weglassen – der Grießbrei wird dann allerdings etwas fester.

Karthäuserla

serviert mit Sommerfrüchten

Bei fränkischen Rezepten werden die Produkte oft restlos verwertet. Ein typisches »Resteverwertungsrezept« sind auch die Karthäuserla. Mit frischen Früchten serviert wird ein süßes sommerliches Hauptgericht daraus.

1 Stunde | Ergibt 4 Portionen

400 ml Milch
1 TL Vanille-Extrakt
2 Eier
4 altbackene Milchbrötchen
2 EL Zucker
1 TL Zimt
2 Nektarinen oder Pfirsiche
200 g Kirschen
einige Blätter Minze
1 EL Honig
1 EL Zitronensaft
2 EL Butterschmalz

Tipp Wenn du keine Milchbrötchen findest, kannst du auch Brioche oder Osterzopf nehmen. Wichtig ist, dass es sich um ein weiches, leicht süßes Hefegebäck handelt.

1. Vermische die Milch mit dem Vanille-Extrakt und den Eiern. Reibe die braune Rinde der Milchbrötchen mit einer feinen Reibe ab und lege sie beiseite.

2. Gib die Brötchen in die Eiermilch und lasse sie etwa 5 Minuten darin, sodass sie sich mit der Mischung vollsaugen. Mische den Zucker mit dem Zimt.

3. Währenddessen kannst du die Nektarinen würfeln, die Kirschen entsteinen und die Minze klein hacken. Mische die Früchte mit dem Honig, dem Zitronensaft sowie der Minze und stelle den Fruchtsalat bis zum Servieren kühl.

4. Drücke die Brötchen etwas aus und wende sie in der abgeriebenen Rinde. Erhitze das Butterschmalz und brate die Brötchen darin rundherum goldbraun (etwa 5–8 Minuten).

5. Nimm die Karthäuserla und wende sie im Zimtzucker. Nun kannst du sie noch einmal ganz kurz in die Pfanne geben, bis der Zucker geschmolzen ist. So bekommen sie eine schöne krosse Kruste.

6. Serviere sie sofort mit dem Fruchtsalat und eventuell etwas Vanillesauce.

Kirschmichel

Kirsch-Semmel-Auflauf

Eine andere Möglichkeit, alte Brötchen zu verwerten, ist der Kirschmichel. Mit geschlagenem Eiweiß im Teig und leichtem Zitronengeschmack ist meine heutige Variante etwas luftiger und leichter als die überlieferte Version.

15 Minuten | Backzeit: 1 Stunde | Ergibt 4 Portionen

1 kg Kirschen
300 g altbackenes Weißbrot oder Brötchen
350 ml Milch
4 Eier
1 Prise Salz
50 g weiche Butter
100 g Zucker
abgeriebene Schale einer Zitrone
1 Msp. Backpulver

1. Wasche und entsteine die Kirschen.

2. Schneide dann das Weißbrot bzw. die Brötchen in feine Scheiben und weiche sie in der Milch ein.

3. Trenne die Eier und schlage das Eiweiß mit etwas Salz steif.

4. Die Butter rührst du mit dem Eigelb, dem Zucker und der Zitronenschale cremig.

5. Gib die Eigelbmischung mit dem Backpulver und den Kirschen zu dem eingeweichten Brot und hebe zum Schluss das Eiweiß unter.

6. Verteile die Mischung auf eine Auflaufform und backe den Kirschmichel bei 180 °C (Ober-/Unterhitze) etwa 45–50 Minuten. Falls die Oberfläche zu braun wird, kannst du sie in den letzten Minuten mit etwas Alufolie abdecken.

7. Serviere den Kirschmichel mit Puderzucker oder Vanillesauce.

Tipp Den Kirschmichel kannst du auch in kleinen ofenfesten Einmachformen backen (wie im Bild gezeigt). Für vier solcher Portionen à ca. 150 ml verkürzt sich die Backzeit auf 20–25 Minuten.

Versunkener Kirschkuchen

mit Schokolade und Kaffee

Franken ist ein Kirschenland, und ich liebe die roten Früchte. Anstelle des klassischen versunkenen Kirschkuchens mit hellem Teig gibt es bei mir eine Schoko-Kaffee-Variante. Perfekt zum nachmittäglichen Kaffeeklatsch!

30 Minuten | Backzeit: 50 Minuten

100 g Kaffee- oder Zartbitterschokolade
200 g Butter
200 g Zucker
1 Prise Salz
4 Eier
300 g Mehl
2 gestr. TL Backpulver
2 EL Kakao
5 EL Milch
5 EL kalter Kaffee oder Kaffeelikör
250 g entsteinte Kirschen, halbiert

1. Schmelze die Schokolade über dem Wasserbad und lasse sie leicht abkühlen. Heize den Ofen auf 180 °C (Ober-/Unterhitze) vor, lege eine 26-cm-Springform mit Backpapier aus bzw. fette sie und streue sie mit Mehl aus.

2. Rühre derweil die Butter mit dem Zucker sowie einer Prise Salz etwa 5 Minuten weiß-cremig, bis sich der Zucker vollständig gelöst hat.

3. Dann rührst die die Schokolade und die Eier unter (etwa 30 Sekunden pro Ei).

4. Mische dann das Mehl mit Backpulver und Kakao.

5. Mische zuletzt die Milch mit dem Kaffee(likör) und hebe die beiden Mischungen abwechselnd unter. Rühre nur so lange, bis sich die Zutaten verbunden haben.

6. Gieße den Teig in die Springform und verteile die Kirschen gleichmäßig darüber.

7. Backe den Kuchen etwa 45–50 Minuten (Stäbchenprobe machen) und verziere ihn nach dem Abkühlen nach Wunsch, z. B. mit Schokolade oder Puderzucker.

Tipp Außerhalb der Kirsch-Saison schmeckt dieser Kuchen auch mit Früchten aus dem Glas. Diese sollte man gründlich abtropfen lassen, bevor man sie unter den Teig gibt. Du kannst auch Blaubeeren oder Zwetschgen verwenden.

Krenfleisch

Braten mit Meerrettichsauce

Krenfleisch ist ein typisches fränkisches Kirchweih-Gericht, das an einem ganz bestimmten Tag der Festwoche (meist Donnerstag oder Sonntag) serviert wird. Wagemutige reiben sich zusätzlich frischen Meerrettich über die scharfe Sauce!

30 Minuten | Kochzeit: 2–3 Stunden | Ergibt 4 Portionen

1 Bund Suppengrün
2 Zwiebeln
2 EL heller Essig
1 TL Pfefferkörner
1 TL Salz
1 Lorbeerblatt
1 kg mageres Rindfleisch (Tafelspitz oder Bug)
100 ml Milch
100 ml Sahne
80–100 g Semmelbrösel
75 g frisch geriebener Meerrettich (1 Stange)
Salz, Pfeffer

1. Lasse 1,5 Liter Wasser mit dem klein geschnittenen Suppengrün und den in Scheiben geschnittenen Zwiebeln, dem Essig, den Pfefferkörnern, 1 TL Salz und dem Lorbeerblatt aufkochen und lege das Rindfleisch hinein.

2. Lasse die Mischung etwa 2–3 Stunden köcheln, bis das Rindfleisch zart ist.

3. Nimm das Fleisch heraus und lasse es etwas ruhen. Den Sud siebst du durch, misst 500 ml davon ab und gießt ihn in einen Topf.

4. Gib die Milch und die Sahne in den Sud, rühre die Semmelbrösel hinein und lasse die Mischung kochen, bis die Sauce dick wird.

5. Dann gibst du den Meerrettich nach Geschmack hinzu und schmeckst die Sauce mit Salz und Pfeffer ab. Die Sauce sollte so scharf sein, dass es gerade noch angenehm ist.

Tipp Wer die Sauce nicht ganz so scharf haben möchte, kann sie mit dem übrigen Sud verdünnen. Den Schärfegrad empfindet jeder anders, daher ist die Menge an Kren nur eine grobe Richtlinie.

Fränkisches Schäufala

Braten von der Schweineschulter

Ein weiteres typisch fränkisches Gericht im Biergarten oder bei Kirchweihen ist das Schäufala: Der krosse Braten von der Schweineschulter lässt sich kaum verbessern – deshalb stelle ich hier unser bewährtes Rezept vor.

20 Minuten | Backzeit: 1,5–2 Stunden | Ergibt 4 Portionen

Für den Braten

1,5 kg Schweine-
schulter mit Knochen
und Schwarte
Salz, Pfeffer
1 große Zwiebel
1 mittelgroße Karotte
1 kleine Stange Lauch
1 kleines Stück Sellerie
1 TL zerstoßener Kümmel
300 ml Bratenfond
300 ml dunkles Bier

Für die Halb-und-halb-Klöße

2 kg Kartoffeln
2 alte Brötchen
2 EL Butter
2–3 EL Kartoffelstärke
(optional)

1. Schneide die Schwarte der Schweineschulter kreuzweise ein. Reibe das Fleisch dann rundherum mit Salz und Pfeffer ein und lasse es etwa 10 Minuten ziehen.

2. Währenddessen putzt du das Gemüse und schneidest es in grobe Stücke. Lege die Zwiebel und das Gemüse sowie den Kümmel in einen Bräter und gieße den Bratenfond und das Bier darüber.

3. Lege das Schäufele mit der Schwarte nach oben in den Bräter und lasse es bei 180 °C (Ober-/Unterhitze) etwa 1,5–2 Stunden garen.

4. Derweil kannst du beginnen, die Klöße vorzubereiten. Dazu schälst du die Hälfte der Kartoffeln, schneidest sie in Stücke und garst sie in Salzwasser weich.

5. Währenddessen würfelst du die alten Brötchen und legst sie in eine ofenfeste Schale. Darauf verteilst du die Butter und stellst die Schale etwa 5–10 Minuten in den Ofen, wobei du mehrfach umrührst, bis die Brotwürfel schön kross sind (»Bröggala«).

6. Sobald die Kartoffeln gar sind, drückst du sie durch die Kartoffelpresse und lässt das Püree kurz abkühlen.

7. Dann schälst du die zweite Hälfte der Kartoffeln und reibst sie in eine Schüssel mit etwa 1 Liter Salzwasser (damit sie nicht braun werden). Sobald alle Kartoffeln gerieben sind, gießt du sie über einem feinen Tuch ab und lässt sie gut abtropfen. →

Tipp Viele Metzger schneiden dir die Schwarte bereits beim Einkauf ein. Frag am besten danach, so sparst du dir Arbeit.

8. Nun vermengst du das Püree mit den geriebenen Kartoffeln sowie der Stärke, die im Topf bzw. im Tuch zurückgeblieben ist. Wenn die Mischung nicht gut genug zusammenhält, kannst du zusätzlich Kartoffelstärke zugeben. Salze den Kloßteig gut und erhitze einen weiten Topf mit Salzwasser, bis es zu sprudeln beginnt.

9. Nun wird es Zeit, nach dem Schäufele zu sehen. Die letzten 30 Minuten bepinselst du die Schwarte immer wieder mit der Flüssigkeit im Bräter, damit sie krosser wird.

10. Sobald das Salzwasser für die Klöße heiß ist (aber nicht kocht), kannst du aus dem Kloßteig Klöße formen, in die du jeweils 2–3 geröstete Brotwürfel hineingibst. Lasse die Klöße im heißen Wasser etwa 30 Minuten garziehen.

11. Zehn Minuten vor Ende der Bratzeit des Schäufeles drehst du den Ofen auf 220 °C hoch und lässt die Kruste noch einmal richtig kross braten. Wenn sie schön knackig ist und leichte Blasen wirft, ist das Schäufele fertig.

12. Zuletzt lässt du das Fleisch etwas ruhen und gießt derweil den Fond durch ein Sieb.

13. Schmecke die Sauce nach Wunsch mit Salz, Pfeffer und Kümmel ab und dicke sie bei Bedarf mit 1 EL Speisestärke an, die du mit etwas Bier angerührt hast.

14. Serviere das Schäufele mit den Klößen und ggf. Sauerkraut (s. S. 86) oder Krautsalat.

Saure Zipfel

Bratwürste in Essigsud

Bratwürste und Essigsud? Hört sich erst einmal komisch an, schmeckt aber an einem lauen Sommerabend mit Bauernbrot hervorragend – kalt oder auch warm.

45 Minuten | Ergibt 4 Portionen

250 ml heller Essig
2–3 große Zwiebeln
1 Karotte in Scheiben
½ Bund Petersilie
350 ml fränkischer Weißwein
2 ganze Nelken
2 Lorbeerblätter
1 EL Pfefferkörner
1 EL Wacholderbeeren
1 EL Senfkörner
4 Paar feine Bratwürste
Salz, Pfeffer, Zucker

1. 750 ml Wasser, den Essig und die Zwiebelringe kochst du, bis die Zwiebelringe bissfest sind. Dann alle weiteren Zutaten (bis auf die Bratwürste) zugeben und alles 15 Minuten köcheln lassen (nicht kochen!).

2. Nimm den Topf von der Platte und lass die Bratwürste im Sud etwa 10 Minuten gar ziehen (auch hier: nicht kochen!).

3. Schmecke mit Salz, Pfeffer und Zucker ab.

4. Serviere die Sauren Zipfel mit dem Sud und etwas Bauernbrot.

Tipp Zur Garnitur kannst du frische Petersilie und Tomaten verwenden.

Fränkische Rippchen

Würzige Variante vom Grill

Rippchen sind ebenfalls ein typisch fränkisches Biergarten-Gericht. Statt sie schnell zu grillen, werden sie bei uns ganz langsam gegart: So entstehen ganz zarte Rippchen, die quasi von selbst vom Knochen fallen!

3 Stunden | Garzeit: 4 Stunden | Ergibt 4 Portionen

2 kg Rippchen
2 EL neutrales Öl
Salz, Pfeffer
1 EL Paprikapulver
Chili (optional)
2 große Metzgerzwiebeln
1 mittelgroße Karotte
1 rote Paprika
250 ml dunkles Bier

1. Schneide das Fett von den Rippchen, bestreiche sie mit dem Öl und würze sie mit Salz, Pfeffer, Paprika sowie nach Wunsch etwas Chili.

2. Schneide derweil die Zwiebeln, die Karotte und die Paprika in grobe Scheiben und lege sie in einen grillfesten Bräter oder in den Dutch Oven. Darauf legst du anschließend die Rippchen und gießt das Bier an.

3. Schließe den Bräter und lasse die Rippchen 3–4 Stunden simmern. Wechsle nach der Hälfte der Zeit die Kohlen, damit die Hitze bestehen bleibt.

4. Nach der Garzeit nimmst du die Rippchen aus dem Bräter und lässt sie noch 3–4 Minuten pro Seite auf dem heißen Grill braten, damit sie eine schöne Kruste bekommen.

Tipp Du kannst die Rippchen auch im Ofen zubereiten. Lasse sie dann bei 180 °C etwa 1 Stunde im Ofen braten und gieße nach und nach etwa 500 ml Bratenfond zusätzlich an.

Sauerkraut

Beliebte Beilage im Biergarten

Bratwürste mit Sauerkraut stehen in vielen fränkischen Lokalen auf der Karte. Die Kombination ist sinnvoll, denn die im Sauerkraut enthaltenen Gewürze machen fleischhaltige Gerichte leichter verdaulich.

45 Minuten | Ergibt 4 Portionen

1 Zwiebel
1 kleiner Apfel
1 kleine mehligkochende Kartoffel
1 kleine Karotte
50 g Räucherspeck
1 EL Öl
150 ml Gemüsebrühe
500 g Sauerkraut (vom Markt)
1 TL Kümmel
3 Wacholderbeeren
Salz, Pfeffer, Majoran

1. Schneide die Zwiebel in feine Würfel. Den Apfel, die Kartoffel und die Karotte schälst du und reibst sie fein. Würfle den Räucherspeck.

2. Erhitze das Öl in einem Topf und brate die Zwiebel darin glasig. Brate den Speck kurz mit und lösche beides mit der Gemüsebrühe ab.

3. Gib das frische Sauerkraut, den Apfel, die Karotte und die Gewürze hinzu und lasse die Mischung etwa 30 Minuten köcheln. Wenn du das Sauerkraut weicher magst, gare es einfach länger.

4. Entferne vor dem Servieren die Wacholderbeeren und schmecke das Sauerkraut mit Salz, Pfeffer und Majoran ab.

Tipp Anstelle von Apfel und Karotte kannst du auch Ananas (aus der Dose) klein würfeln und unterheben. Das gibt eine exotische Note. Anstelle der Kartoffel kannst du zum Binden auch 1 EL mit Wein angerührte Stärke verwenden.

Steckerlfisch

Forelle oder Makrele vom Grill

Sommerzeit ist Grillzeit! Warum nicht mal einen Fisch auf den Rost legen? Dieses typisch fränkische Kerwa-Gericht lässt sich wunderbar zu Hause zubereiten – wahlweise mit scharfer Chili- oder aromatischer Kräutermarinade.

3 Stunden | Kühlzeit: 4 Stunden | Ergibt 4–6 Portionen

Für die Kräutermarinade

je 1 Bund Rosmarin, Basilikum, Salbei und Petersilie
4 EL Olivenöl
Saft einer Zitrone
Salz, Pfeffer
1 Zitrone in Scheiben

Für die Chilimarinade

2 EL Honig
2 EL Harissa-Paste
Salz, Pfeffer
2 EL Öl
Salz (optional)

Sonstige Zutaten

4 kleine Forellen (am besten Lachs- oder Regenbogenforelle) oder Makrelen

Tipp Ich serviere dazu einen Paprika-Fenchel-Salat sowie Kräuterbutter. Das Rezept für den Salat findest du unter backina.de/steckerlfisch-bayern-grillt.

1. Wir marinieren den Steckerlfisch auf zweierlei Art. Für die klassische Kräutermarinade schneidest du die angegebenen Kräuter klein und mischst sie mit 4 EL Olivenöl, dem Saft einer Zitrone sowie Salz und Pfeffer. Für die scharfe Honig-Chili-Marinade mischst du einfach Honig und Harissa mit 2 EL Öl und evtl. etwas Salz.

2. Wasche nun deine ausgenommenen Forellen gut ab und tupfe sie trocken. Verteile die gewünschte Marinade großzügig von innen und außen auf die Fische. Für die Kräuter-Variante gibst du noch fein geschnittene Zitronenscheiben in den Bauch der Forellen. Lege die Forellen in eine Fischzange – so ist es leichter als mit einem Steckerl.

3. Heize deinen Grill auf etwa 180–250 °C und achte darauf, dass du eine indirekte Grillzone hast, d.h. die heißen Kohlen legst du nur auf eine Seite des Grills – wichtig!

4. Lege die Forellen je nach Größe etwa 5–10 Minuten pro Seite in die indirekte Hitze und schließe den Deckel deines Grills.

5. Danach kommt die Kür: Brate den Fisch kurz in der direkten Hitze an, bis die Haut schön braun und knusprig wird (etwa 1–2 Minuten).

Biergartenbrot

Saftig mit Bier im Teig

Zu einer ordentlichen Brotzeit gehört natürlich das passende Brot. Meine Variante mit regionalem Bier im Teig ist einfach, lecker und auch für Brot-Anfänger gut zu schaffen.

30 Minuten | Gehzeit: 24 Stunden | Ergibt ein mittelgroßes Brot

350 g Dinkelmehl (Vollkorn)
75 g Roggenmehl (Vollkorn)
2 TL Salz
2 TL Brotgewürz
5 g frische Hefe (entspricht ⅛ Würfel)
½ TL Honig
125 ml dunkles Bier
etwas Öl zum Einfetten

1. Mische das Dinkel- mit dem Roggenmehl, dem Salz und dem Brotgewürz und mache in die Mitte eine Mulde.

2. Dort hinein bröckelst du die Hefe und den Honig. Verrühre beides mit ein paar Esslöffeln vom Bier und etwas Mehl. Lasse die Schüssel abgedeckt etwa 10 Minuten stehen, bis die Hefe Bläschen wirft.

3. Nun gibst du das Bier sowie 200 ml lauwarmes Wasser hinzu und knetest den Teig etwa 10 Minuten, bis er glatt und geschmeidig ist.

4. Benetze den Teig mit dem Öl, damit er nicht so klebrig ist, und decke ihn mit Frischhaltefolie ab. Lasse ihn im Kühlschrank 24 Stunden gehen.

5. Am nächsten Tag bedeckst du deine Arbeitsfläche mit Mehl und gibst den Teig darauf. Falte ihn mehrfach auf dem Mehl hin und her, bis ein Laib entsteht. Lege den Laib in einen Bräter oder eine Springform mit 26 cm Durchmesser und lasse ihn erneut etwa 1–2 Stunden gehen, bis sich sein Volumen sichtbar vergrößert hat.

6. Nun heizt du den Ofen auf 250 °C (Umluft) vor und stellst den Bräter mit aufgesetztem Deckel auf die unterste Schiene. Backe das Brot etwa 30 Minuten. Anschließend entfernst du den Deckel und bäckst das Brot noch einmal 15–20 Minuten, bis es außen kross ist.

Tipp Du kannst auch noch ca. 75 g Nüsse oder Kerne nach Wahl unter das Brot mischen – Sonnenblumenkerne und Walnüsse schmecken sehr gut darin!

Ziebalaskees

Kräuterquark-Brotaufstrich

Woher dieser aromatische Kräuterquark seinen Namen hat, ist umstritten: entweder daher, dass die Küken (»Ziebala«) früher Quark als Futter bekommen haben – oder weil der Aufstrich schon kleinen Kindern (scherzhaft: »Ziebala«) schmeckt.

15 Minuten | Ergibt 4 Portionen

250 g Quark
(20 % Fettgehalt)
2 EL Sahne
3 EL Milch
1 Bund Schnittlauch, Dill und Petersilie, ggf. Bärlauch
Zitronensaft, Salz und Pfeffer

1. Vermische den Quark mit der Sahne und der Milch.
2. Gib die klein gehackten Kräuter hinzu und schmecke alles mit Zitronensaft, Salz und Pfeffer ab.
3. Fertig ist ein schneller und leckerer Aufstrich, der pur, auf Brot oder zu gekochten Kartoffeln schmeckt.

Tipp In der Originalversion wird der Ziebalaskees aus Rohmilch gemacht, die man stocken lässt. Weil diese aber schwer zu bekommen ist, ist die Mischung aus Quark, Sahne und Milch ein guter Ersatz.

Forellencreme

Brotaufstrich mit Räucherforelle

Die Forelle ist wohl der fränkische Fisch schlechthin. Deshalb wird sie nicht nur geräuchert und gegrillt, sondern auch auf Brot genossen. Eine schöne Alternative zu fleischhaltigen Brotzeitgerichten!

15 Minuten | Ergibt 4 Portionen

1 Zwiebel
1 unbehandelte Zitrone
500 g geräuchertes Forellenfilet
150 g saure Sahne
Salz, Pfeffer, Dill

1. Schneide die Zwiebel in feine Würfel. Reibe die Schale der Zitrone ab und entferne die Gräten beim Forellenfilet, falls noch welche vorhanden sind.

2. Dann zerdrückst du das Forellenfilet zusammen mit dem Saft der halben Zitrone und der sauren Sahne. Hebe zum Schluss die Zwiebel unter.

3. Schmecke die Mischung mit Salz, Pfeffer, Dill sowie ggf. etwas mehr Zitronensaft ab.

4. Serviere die Forellencreme sofort mit etwas Brot oder bewahre sie in einem Glas bis zu 3 Tage im Kühlschrank auf.

Tipp Wenn du die Forellencreme noch etwas feiner haben möchtest, kannst du die Mischung auch pürieren. Ich mag die Variante mit kleinen Stücken jedoch lieber, da man noch etwas »zu beißen« hat.

Kochkäse

Idealer Begleiter zum Wein

Das Rezept stammt aus Unterfranken, wo man den Kochkäse gerne zu einem Glas Wein genießt. Der enthaltene Kümmel macht den Brotaufstrich sehr bekömmlich und gibt ihm ein besonderes Aroma.

20 Minuten | Kühlzeit: 6 Stunden | Ergibt ca. 3 Gläser à 250 ml

100 g Harzer Käse
125 g Butter
150 g Sahne-Schmelzkäse
125 ml süße Sahne
250 g Quark
(20 % Fettgehalt)
2 TL Kümmel
(nach Geschmack)
½ TL Natron

1. Schneide den Harzer Käse in kleine Stückchen.

2. Vermische sie mit der Butter, dem Schmelzkäse und der Sahne. Erhitze die Mischung bei niedriger Temperatur unter ständigem Rühren, bis der Harzer Käse geschmolzen ist.

3. Lasse die Mischung kurz aufkochen und nimm den Topf dann vom Herd.

4. Nun rührst du den Quark und den Kümmel vorsichtig unter die heiße Mischung. Anschließend rührst du das Natron unter. Jetzt sollte sich das Volumen der Mischung etwas vergrößern.

5. Lass den Kochkäse leicht abkühlen und bedecke die Oberfläche mit Frischhaltefolie, damit sich keine Haut bildet. Dann lässt du die Mischung im Kühlschrank über Nacht durchziehen. Am nächsten Tag kannst du die Mischung in Gläser abfüllen.

Tipp Der Kochkäse hält sich im Kühlschrank etwa eine Woche. Du kannst ihn aber auch im Glas einfrieren, wenn du die komplette Menge nicht direkt verzehren kannst.

Spritzkuchen

Schmalzgebackenes Festtagsgebäck

Wenn in Franken bei einer Kirchweih Spritzkuchen angeboten werden, bilden sich oft lange Schlangen vor dem Stand. Dabei kann man dieses Festgebäck ganz leicht selber herstellen. Wichtig ist nur, dass es ganz frisch gegessen wird!

90 Minuten | Ergibt ca. 20 Stück (je nach Größe)

250 g Butter
2 gehäufte EL Zucker
500 g Mehl
10 Eier
100 g gekochte und zerdrückte Kartoffeln
etwas abgeriebene Zitronenschale
3 Msp. Backpulver
3 EL Speisestärke
2 kg Butterschmalz zum Ausbacken
Puderzucker

Tipp Die Kartoffel ist optional, bringt aber noch mal etwas mehr Feuchtigkeit und Aroma in den Teig. Dieser Trick stammt von meiner Ur-Urgroßtante – sie hatte ein Café, das für seine Spritzkuchen bekannt war.

1. Koche 750 ml Wasser, die Butter und den Zucker zusammen auf, bis die Butter sich vollständig aufgelöst hat.

2. Dann gibst du das Mehl hinzu und rührst, bis sich am Topfboden ein feiner weißer Film bildet. Jetzt nimmst du die Masse vom Herd und lässt sie leicht auskühlen.

3. Anschließend schlägst du die Eier sowie die Kartoffeln und die Zitronenschale darunter. Zuletzt rührst du das Backpulver und die Speisestärke unter. Fülle die Masse sofort in einen Spritzbeutel mit Sterntülle und spritze Kringel oder längliche Liebesknochen auf ein Stück gefettetes Backpapier.

4. Lasse das Butterschmalz in einem breiten, tiefen Topf aus und gib die Teiglinge auf dem Backpapier kopfüber hinein. Nach einigen Augenblicken tauchen die Spritzkuchen wieder aus dem heißen Butterschmalz auf.

5. Nach etwa einer Minute kannst du das Backpapier abziehen und für die nächsten Spritzkuchen verwenden.

6. Backe die Spritzkuchen etwa 5–6 Minuten fertig, bis sie hellbraun sind, wobei du sie einmal vorsichtig wendest. Lasse die fertigen Spritzkuchen kurz auf etwas Küchenkrepp abtropfen.

7. Serviere sie noch warm mit etwas Puderzucker-Glasur oder Puderzucker bestaubt.

Cremiger Käsekuchen

Beliebt zum sommerlichen Kaffeekränzchen

Jede Familie hat ihr eigenes Rezept für Käsekuchen. Das Rezept, das ich hier vorstelle, stammt von einer Bekannten. Dank viel Flüssigkeit in der Käsemasse ist er unvergleichlich cremig! Perfekt dazu: sommerliches Beeren- oder Kirschkompott.

1 Stunde | Kühlzeit: 8 Stunden

Für den Boden

200 g Mehl
3 gestrichene TL Backpulver
100 g Butter (kalt, in Stückchen)
1 Ei
50 g Zucker
1 TL Vanillezucker

Für die Füllung

750 g Quark (20 % oder 40 % Fettgehalt)
3 Eier
200 g Zucker
1 TL Vanille-Extrakt
1 Pck. Vanille- oder Sahne-Puddingpulver
150 ml Öl
300 ml Milch
1 EL Rum
1 EL Zitronensaft

1. Knete die Zutaten für den Boden rasch zu einem Mürbeteig zusammen und verteile ihn gleichmäßig mit einem etwa 3 cm hohen Rand in einer Springform (26 cm Durchmesser). Stelle die Form kalt, bis die Füllung fertig ist.

2. Verrühre nun alle Zutaten für die Füllung des Käsekuchens und gib sie in die Form.

3. Backe den Käsekuchen im vorgeheizten Backofen bei 160 °C Ober-/Unterhitze etwa 1 Stunde bis 75 Minuten. Der Kuchen ist fertig, wenn die Masse bei leichtem Schütteln nur noch wenig wackelt. Sollte dir die Oberfläche zu dunkel werden, dann decke sie in den letzten Minuten mit Alufolie ab.

4. Lasse den Kuchen mindestens 30 Minuten im warmen Backofen abkühlen, ehe du ihn herausnimmst. Nach einer Nacht Kühlen kannst du diesen cremigen Käsekuchen anschneiden und genießen!

Tipp Lass dich nicht von der flüssigen Füllung abschrecken: Der Kuchen wird beim Abkühlen fest, versprochen!

Herbst

Frische Zutaten wie Zwetschgen, Äpfel, Kartoffeln und Pilze prägen den Herbst in Franken. Gerade aus Kartoffeln kann man viel mehr machen als nur Beilagen! Viele Hauptgerichte mit der Feldfrucht sind allerdings fast in Vergessenheit geraten, was ich schade finde. Außerdem gehen wir im Herbst gerne »in die Pilze«. Am liebsten mag ich Parasol-Pilze: Sie sehen aus wie kleine Sonnenschirme und lassen sich panieren wie ein Schnitzel. Leider findet man sie nur selten, deshalb behalte ich meine Sammelplätze für mich ... Dafür verrate ich aber einige Anregungen, was man mit frischen Pilzen sonst noch zubereiten kann.

Hefepfannkuchen

mit Zwetschgenkompott

Die Hefepfannkuchen hat meine Uroma oft zubereitet. In der Zwischenzeit ist dieses alte fränkische Rezept fast in Vergessenheit geraten. Ich habe es wieder herausgekramt: Es schmeckt beinahe ein wenig wie amerikanische Pancakes!

1 Stunde | Gehzeit: 30 Minuten | Für 4 Personen als Hauptgericht

Für die Pfannkuchen

500 ml Milch
2 EL Zucker
10 g Hefe (¼ Würfel)
250 g Mehl
20 g geschmolzene Butter
1 Ei

Für das Zwetschgenkompott

300 g Zwetschgen
2 EL brauner Zucker
1 Zimtstange
1 EL Speisestärke
Amaretto oder Zwetschgenschnaps
Butterschmalz oder Öl
Puderzucker

1. Erwärme etwa 100 ml der Milch mit dem Zucker auf Zimmertemperatur und löse die Hefe darin auf. Lasse den Vorteig abgedeckt etwa 10 Minuten stehen, bis sich Schaum bildet.

2. Dann gibst du die restlichen Zutaten für die Pfannkuchen zu. Der Teig sollte in etwa die Konsistenz von Joghurt haben – falls er noch zu weich ist, gib etwas mehr Mehl hinein.

3. Nun lässt du den Teig an einem warmen Ort abgedeckt etwa 30–60 Minuten gehen. An der Oberfläche sollten sich Bläschen bilden, und der Teig sollte deutlich aufgehen.

4. Währenddessen kannst du die Zwetschgen putzen und entkernen. Lass dann den braunen Zucker in einer Pfanne schmelzen und gib das Obst sowie die Zimtstange hinzu.

5. Lasse die Mischung etwa 5 Minuten köcheln und binde das Kompott nach Bedarf mit etwas Speisestärke, angerührt mit Amaretto oder Zwetschgenschnaps. Entferne die Zimtstange.

6. Erhitze Butterschmalz oder Öl in einer Pfanne und gib 1 EL Pfannkuchenteig hinein. Backe nacheinander kleine goldbraune Pfannkuchen, die du noch heiß mit dem Kompott und etwas Puderzucker servierst.

Tipp Die Hefepfannkuchen schmecken auch sehr gut, wenn du einen gewürfelten Apfel und eine Prise Zimt in den Teig gibst. Du kannst sie z.B. mit Ahornsirup oder Honig servieren.

Zwetschgenkuchen

Saisonale Köstlichkeit

Wenn die ersten Zwetschgen am Baum reif sind, geht doch nichts über einen klassischen Streuselkuchen mit Zwetschgen. Dank der Zugabe von Walnüssen wird dieser Blechkuchen noch aromatischer.

1 Stunde | Gehzeit: 1–2 Stunden | Ergibt ein Blech

Für den Hefeteig

400 ml lauwarme Milch
20 g frische Hefe (½ Würfel)
150 g Zucker
800 g Mehl
2 Eier
150 g zerlassene Butter

Für den Belag und die Streusel

1 kg Zwetschgen
150 g zerlassene Butter
250–300 g Mehl
125 g Zucker
1 TL Zimt
2 TL Bourbon-Vanillezucker
50 g gehackte Walnüsse (optional)

1. Erwärme die Milch auf Zimmertemperatur und löse die Hefe mit 2 EL vom Zucker darin auf. Lasse die Mischung abgedeckt 10 Minuten stehen, bis sich Schaum bildet.

2. Knete dann alle angegebenen Zutaten für den Teig hinein und lasse ihn etwa 1–2 Stunden abgedeckt an einem warmen Ort gehen, bis sich sein Volumen verdoppelt hat.

3. Derweil kannst du die Zwetschgen waschen, entkernen und einschneiden, sodass sie geviertelt, aber die einzelnen Segmente noch miteinander verbunden sind.

4. Vermische die Zutaten für die Streusel mit einer Gabel oder den Händen zu feinen Streuseln. Wenn sie dir zu feucht vorkommen, kannst du noch etwas mehr Mehl zugeben. Stelle sie bis zum Backen kalt.

5. Sobald der Teig gegangen ist, heizt du den Ofen auf 175 °C (Ober-/Unterhitze) vor. Drücke den Teig ebenmäßig auf ein mit Backpapier ausgelegtes Blech und belege ihn dicht mit Zwetschgen. Zum Schluss verteilst du die Streusel gleichmäßig darüber.

6. Backe den Zwetschgenkuchen etwa 35–40 Minuten, bis die Streusel goldbraun sind.

Tipp Wenn der Teig schneller fertig sein soll, verdopple einfach die Hefemenge. Wenn du Zeit hast, kannst du die Hefemenge auch halbieren und den Teig dann über Nacht im Kühlschrank gehen lassen.

Zwetschgenmus & Apfelmus

Der Herbst im Glas

Wenn die Zwetschgen und Äpfel reif sind, lohnt es sich, Mus einzukochen und sich für den Winter einen Vorrat anzulegen. Mein Rezept kommt mit wenig Zucker aus, sodass der Fruchtgeschmack wunderbar zur Geltung kommt.

2 Stunden | Ziehzeit: 1 Stunde | Ergibt je etwa 2 Gläser

Für das Zwetschgenmus

1 kg Zwetschgen
2 EL Kokosblütenzucker oder brauner Zucker
3 EL brauner Zucker
1 Zimtstange
1 Nelke
20 g dunkle Schokolade (optional)

Für das Apfelmus

1 kg Äpfel
Saft einer halben Zitrone
½ Vanilleschote
2–3 EL Zucker
Zimt (optional)

1. Wasche die Zwetschgen, entsteine und halbiere sie. Mische sie in einer hohen, weiten Auflaufform mit dem Zucker, der Zimtstange sowie der Nelke und lasse sie etwa 1 Stunde ziehen.

2. Heize den Backofen auf 180 °C (Umluft) vor und lasse die Zwetschgen darin etwa 1,5 bis 2 Stunden backen, wobei du sie gelegentlich umrührst. Lasse beim Umrühren die Ofentür kurz offen, damit der Dampf entweichen kann.

3. Entferne inzwischen das Kerngehäuse der Äpfel und würfle die Äpfel grob. Gib die Apfelstücke mit dem Zitronensaft, der Vanilleschote und dem Zucker in einen Topf und dünste sie etwa 20 Minuten unter Rühren weich.

4. Du kannst das Apfelmus noch mit etwas Zimt abschmecken. Danach entfernst du die Vanillestange und pürierst es nach Wunsch fein. Fülle es noch heiß in Gläser ab.

5. Sobald das Zwetschgenmus angedickt ist, entfernst du Zimtstange und Nelke und rührst nach Wunsch Schokolade unter. Schmecke ggf. mit etwas mehr Zucker bzw. Zimt ab.

6. Anschließend kannst du es nach Wunsch noch pürieren. Lasse das Zwetschgenmus noch einmal aufkochen (im Ofen oder auf dem Herd) und fülle es kochend in saubere Gläser ab.

Tipp Du kannst das Zwetschgenmus auch im Topf zubereiten. Dabei solltest du jedoch häufiger umrühren! Die Gewürze kannst du in einem Teebeutel in die Mischung hängen – so kannst du sie leichter wieder entfernen.

Apfelküchla

Gebackene Apfelringe in Bierteig

Eines meiner liebsten Herbst-Desserts sind Apfelküchla. Mit Bierteig umhüllt und von Vanillesauce begleitet sind sie ein fränkischer Klassiker. Brät man sie in der Pfanne, statt sie zu frittieren, kann man einige Kalorien sparen.

30 Minuten | Für 4 Personen als Dessert

2 feste mittelgroße Äpfel
1 EL Zitronensaft
120 g Dinkelmehl
1 Ei
75 ml helles Bier
1 EL Zucker
2–3 EL Öl
5 EL Zimtzucker
Vanillesauce oder Vanilleeis zum Servieren

1. Entkerne die Äpfel und schneide sie in etwa 0,5 cm dicke Ringe. Beträufle diese mit dem Zitronensaft, damit sie nicht braun werden.

2. Verrühre das Mehl mit dem Ei, dem Bier sowie dem Zucker zu einem dicken Teig (wie Pfannkuchen). Darin wälzt du die Apfelringe nacheinander.

3. Erhitze das Öl in der Pfanne und brate darin die Apfelküchla nach und nach goldbraun.

4. Bestreue die Apfelringe mit dem Zimtzucker und serviere sie noch heiß mit Vanillesauce oder Vanilleeis.

Tipp Am besten eignet sich für den Teig ein helles Pils (z.B. Bayreuther Hell). Wenn du auf Alkohol verzichten möchtest, kannst du stattdessen Milch oder Apfelschorle benutzen.

Apfel-Wein-Kuchen

Gedeckter Apfelkuchen auf Fränkisch

Für Apfelkuchen hat wohl jeder Hobbybäcker sein eigenes »Geheimrezept«. Bei mir gibt es eine Kreation mit Frankenwein und Gewürzen, die schön von innen wärmen. So schmeckt der Herbst!

90 Minuten | Kühlzeit: 3 Stunden

Für den Mürbeteig

300 g Mehl
1 gestrichener TL Backpulver
150 g Butter
100 g Puderzucker
1 Pck. Vanillezucker
1 Ei
1 Prise Salz

Für die Apfel-Wein-Füllung

1 kg Äpfel (süß-säuerlich, z.B. Elstar)
Saft einer halben Zitrone
600 ml Weißwein
1 Zimtstange
2 EL Honig
200 g brauner Zucker
1 Pck. Vanille-Puddingppulver
100 g Cranberrys oder Rosinen (optional)
1 TL Zimt
1 Prise Muskatnuss
1 Prise Kardamom

1. Verknete die angegebenen Zutaten für den Mürbeteig mit den Händen zu einem glatten Teig, wickle ihn in Frischhaltefolie und stelle ihn etwa 30 Minuten kalt.

2. Schäle die Äpfel und schneide sie in gleichmäßige Würfel. Beträufle die Stücke mit dem Zitronensaft, damit sie nicht braun werden.

3. Erhitze 500 ml des Weißweins mit der Zimtstange, dem Honig und dem Zucker. Kurz bevor die Mischung kocht, gibst du die Apfelwürfel hinzu und lässt sie etwa 1 Minute köcheln.

4. Derweil kannst du das Puddingpulver mit dem restlichen Wein verrühren und die Mischung unter die Apfelmischung rühren. Lasse alles kochen, bis es die Konsistenz von Pudding annimmt.

5. Wenn du magst, mischst du jetzt Cranberrys oder Rosinen unter. Entferne die Zimtstange und schmecke die Füllung mit Zimt, Muskat und Kardamom ab.

6. Heize den Ofen auf 170 °C (Ober-/Unterhitze) vor.

7. Rolle den Mürbeteig etwa 0,5 cm dick aus und kleide mit 2/3 des Teigs eine 26-cm-Springform aus. Forme aus dem restlichen Drittel einen gleichmäßigen Rand und fülle anschließend die Apfelmasse ein.

8. Backe den Kuchen etwa eine Stunde. Falls die Oberfläche zu dunkel wird, decke den Kuchen die letzten 20 Minuten mit Alufolie ab.

Tipp Der Geschmack des Apfel-Wein-Kuchens hängt stark vom verwendeten Wein ab. Deshalb solltest du hier nicht sparen, sondern einen guten Wein wählen, der dir schmeckt!

Birnen-Muffins

Zuckerfrei und mit Vollkornmehl

Birnen wurden in Franken früher oft getrocknet (»Kletzen«). Man kann aber auch frisch einen Kuchen daraus backen. Meine Birnen-Muffins sind ohne zugesetzten Zucker und mit Vollkornmehl deutlich gesünder als ein normaler Kuchen.

30 Minuten | Backzeit: 25 Minuten | Ergibt etwa 12 Muffins

Für den Teig
150 g Vollkornmehl (z.B. Dinkel)
75 g Hafermehl (ersatzweise mehr Mehl)
1 TL Backpulver
1 TL Natron
2 TL Zimt
75 g Walnüsse, grob gehackt
3 Eier
150 g Honig
75 ml neutrales Öl (z.B. Sonnenblume)
60 g Naturjoghurt
1 TL Vanille-Extrakt
2 große Birnen, gewürfelt

Für die Müslistreusel
75 g kernige Haferflocken oder Müsli nach Wahl
3 EL Vollkornmehl
20 g gehackte Walnüsse
1 TL Zimt
1–2 EL neutrales Öl
1–2 EL Honig

1. Vermische alle Zutaten für die Müslistreusel miteinander und stelle den Teig dann beiseite.

2. Heize den Ofen auf 200 °C (Ober-/Unterhitze) vor.

3. Vermische jetzt die »trockenen« Muffin-Zutaten miteinander, also Mehl, Backpulver, Natron, Zimt und Walnüsse. Ebenso mischst du die »feuchten« Zutaten, also Eier, Honig, Öl, Joghurt und Vanille-Extrakt.

4. Nun vermischst du alle Zutaten für den Teig kurz mit einem Kochlöffel, bis gerade so ein Teig entsteht. Es dürfen ruhig noch kleine Mehlklumpen darin sein.

5. Zuletzt hebst du die Birnenstückchen unter und verteilst den Teig auf die Muffinförmchen. Mach die einzelnen Formen ruhig bis kurz unter den Rand voll.

6. Bevor du die Birnen-Muffins in den Ofen gibst, verteilst du die Müslistreusel darüber.

7. Lasse die Muffins zuerst etwa 5 Minuten bei 200 °C backen, damit sie schön aufgehen. Dann drehst du die Hitze herunter und bäckst sie bei 175 °C etwa 20 Minuten fertig.

Tipp Das Rezept schmeckt auch mit Äpfeln gut! Das verwendete Hafermehl kannst du einfach selber machen, indem du zarte Haferflocken im Standmixer ganz fein vermahlst.

Bauchstecherla

Kartoffelplätzchen als Hauptgericht

Die sogenannten Bauchstecherla gab es bei meinen Großeltern oft mit süßem Kompott. Man kann die gebackenen Kartoffelplätzchen aber auch mit einer herzhaften Beilage genießen – so wie bei mir mit Spinat und Pilzen.

1 Stunde | Für 4 Portionen

750 g mehligkochende Kartoffeln
3 Eier
4 EL Mehl
Salz, Pfeffer, Muskat
500 g Spinat
250 g Champignons
1 kleine Zwiebel
1 EL Butter
2–3 EL Sahne oder Milch
3 EL Butterschmalz (ersatzweise Öl)

1. Koche die Kartoffeln in Salzwasser, gieße sie ab und lasse sie kurz abkühlen.

2. Schäle sie dann und presse sie durch die Kartoffelpresse. Das Püree mischst du mit den Eiern und dem Mehl, bis ein leicht klebriger Teig entsteht. Diesen würzt du mit Salz, Pfeffer und einer Prise Muskat.

3. Putze den Spinat und wasche ihn. Die Champignons putzt du ebenfalls und schneidest sie in Scheiben. Die Zwiebel schneidest du in dünne Spalten.

4. Erhitze die Butter in einer Pfanne und schwitze die Zwiebeln glasig an. Danach gibst du die Champignons dazu und brätst sie 2–3 Minuten mit. Zuletzt fügst du den Spinat hinzu und lässt ihn zusammenfallen.

5. Dann löschst du die Mischung mit der Sahne bzw. Milch ab und lässt sie noch einige Minuten weiterköcheln, bis das Gemüse bissfest ist. Würze dann nochmals mit Salz, Pfeffer und ggf. Muskat.

6. Erhitze das Butterschmalz in einer Pfanne und forme aus dem Kartoffelteig flache, längliche Fladen.

7. Brate die Bauchstecherla von jeder Seite etwa 2–3 Minuten goldbraun und serviere sie mit dem Spinat.

Tipp Die Bauchstecherla kannst du nicht nur als Hauptgericht, sondern auch als Beilage zu herzhaften Speisen wie Braten servieren. Die Menge reicht dann für 6 Personen.

Klassische Kartoffelsuppe

mit verschiedenen Topping-Varianten

Ob in Klößen oder als Beilage – die Kartoffel (»Erpfl«) ist aus der fränkischen Küche nicht wegzudenken. Hier wird eine leckere Suppe daraus, die man mit Speck- oder Lachs-Topping weiter verfeinern kann.

1 Stunde | Für 4–6 Personen

Für die Kartoffelsuppe
1 kg mehligkochende Kartoffeln
2 Karotten
½ Stange Lauch
1 kleines Stück Knollensellerie
2 EL Öl
1 große oder 2 kleine Zwiebeln
Salz, Pfeffer
einige Zweige Majoran und Petersilie
1 l Rinder- oder Gemüsebrühe
100 g Crème fraîche oder saure Sahne

Für das Speck-Topping
125 g magerer Speck
1 EL Honig
Paprika, Chili

Für das Lachs-Topping
2 Lauchzwiebeln (oder der restliche Lauch von der Suppe)
1 kleine rote Paprika
1 frisches Lachsfilet (à ca. 125 g)
1 EL Öl
Paprika, Chili, Salz, Pfeffer

1. Schäle die Kartoffeln, schneide das Gemüse für die Suppe in Würfel und erhitze das Öl in einem großen Topf.

2. Brate zuerst die Zwiebeln glasig. Dann gibst du die weiteren Zutaten hinzu und brätst das Gemüse an. Würze es mit Salz und Pfeffer und gib die Kräuter hinzu.

3. Lösche das Gemüse mit der Brühe ab und lasse die Suppe etwa 30 Minuten kochen, bis Gemüse und Kartoffeln weich sind.

4. Währenddessen heizt du den Ofen auf 180 °C vor. Vermische die Speckwürfel in einer ofenfesten Schale mit dem Honig und schmecke die Mischung mit Paprika und Chili ab.

5. Backe den Speck etwa 10–15 Minuten im heißen Ofen, bis er knusprig ist, wobei du mehrfach umrührst.

6. Für das Lachs-Topping schneidest du Lauch und Paprika sowie den Lachs in Würfel und brätst alles etwa 3–4 Minuten im heißen Öl rundherum an. Würze die Mischung mit Paprika und Chili sowie Salz und Pfeffer.

7. Sobald das Gemüse weich ist, pürierst du es fein und schmeckst die Suppe mit Salz, Pfeffer und Majoran sowie Petersilie ab.

8. Serviere die Suppe mit einem Klecks Crème fraîche sowie den Toppings.

Kartoffelsalat

nach Omas Rezept

Manche Dinge kann man nicht verbessern. Omas Kartoffelsalat zum Beispiel: Sie verwendet eine Mischung aus Brühe- und Mayonnaise-Dressing, das zwar super-cremig, aber dennoch nicht zu kalorienreich ist.

30 Minuten | Ziehzeit: 15 Minuten | Für etwa 6 Portionen

1 kg festkochende Kartoffeln
2 kleine Zwiebeln
2–3 Essiggurken
200 ml Gemüsebrühe
1–2 EL heller Essig (nach Geschmack)
Salz, Pfeffer
3–5 EL Mayonnaise
1 EL mittelscharfer Senf
Schnittlauch zur Garnitur

1. Koche die Kartoffeln in Salzwasser, gieße sie ab und lasse sie leicht abkühlen.

2. Derweil kannst du die Zwiebeln fein hacken und die Essiggurken in kleine Würfel schneiden.

3. Dann schälst du die Kartoffeln und schneidest sie in Scheiben.

4. Mische die heiße Gemüsebrühe mit dem Essig und gieße die Mischung über die Kartoffelscheiben. Hebe die Zwiebeln und Essiggurken unter.

5. Würze die Kartoffeln mit Salz und Pfeffer und lass die Mischung etwa 15 Minuten ziehen.

6. Zuletzt verrührst du die Mayonnaise mit dem Senf und ziehst sie unter die Kartoffeln. Schmecke den Salat bei Bedarf noch einmal mit Salz und Pfeffer ab, bevor du ihn mit Schnittlauch garniert servierst.

Tipp Wenn du möchtest, kannst du gekochten Schinken in feine Streifen schneiden und mit unterheben. Hart gekochte Eier in Vierteln eignen sich ebenfalls als Garnitur.

Karottensalat

Herbstliche Idee für die Lunchbox

In fränkischen Wirtshäusern gibt es zu fast jeder Bestellung einen kleinen Salatteller, auf dem meist auch Karottensalat zu finden ist. Mit Vanille und Zitrusaromen wird die oft missachtete Beilage zum Hauptdarsteller in der Lunchbox!

15 Minuten | Ergibt 2 Portionen

500 g Karotten (z.B. ein Mix aus verschiedenen Sorten)
2–3 Lauchzwiebeln
1 EL Butter
Mark einer Vanilleschote
2 EL Honig
1 EL Zitronensaft
abgeriebene Schale einer halben Zitrone
1 Zweig Rosmarin
(Kräuter-)Salz,
(Orangen-)Pfeffer

1. Schäle die Karotten und schneide sie in Scheiben. Die Lauchzwiebeln putzt du und schneidest sie in feine Ringe.

2. Erhitze die Butter in einer Pfanne und brate die Karotten darin etwa 2 Minuten an.

3. Dann gibst du das Vanillemark und den Honig dazu. Brate so lange, bis sich beides gleichmäßig auf den Karotten verteilt hat. Nun sollten die Scheiben schön glänzen.

4. Gib die Lauchzwiebeln, den Zitronensaft, die abgeriebene Zitronenschale sowie den Rosmarinzweig hinzu und lasse die Mischung so lange köcheln, bis die Karotten bissfest sind.

5. Nun schmeckst du den Karottensalat mit (Kräuter-)Salz, (Orangen-)Pfeffer und gegebenenfalls noch etwas Zitronensaft oder Honig ab.

6. Der Salat kann direkt warm gegessen werden, schmeckt aber auch sehr gut kalt in der Lunchbox!

Tipp Als Beilage zum Karottensalat schmeckt ein Stück Geflügel, z.B. Hähnchenbrust, aber auch vegetarische Alternativen wie Feta, Falafel oder Tofu bieten sich an.

Fränkischer Zwiebelkuchen

Lecker zur Zeit der Weinlese

Zwiebelkuchen gehört einfach zum Herbst in Franken. Mein Rezept für Zwiebelkuchen hat einen Dinkelboden und verwendet Eier anstelle von Schmand im Belag – so ist der Klassiker nicht ganz so schwer, schmeckt aber genauso lecker.

1 Stunde | Backzeit: 30 Minuten | Ergibt 4 Portionen

250 ml Milch
20 g Hefe
1 TL Zucker
375 g Dinkelmehl (Type 630)
1 TL Salz
6 EL Öl
750 g Zwiebeln
3 EL Butter
Salz, Pfeffer
50 g saure Sahne
2 Eier
50 g magerer Speck (optional)
1 TL Kümmel

1. Für den Hefeteig erwärmst du die Milch leicht und löst darin die Hefe mit dem Zucker auf. Lasse die Mischung kurz an einem warmen Ort stehen.

2. Wenn die Hefemilch Blasen wirft, knete Mehl, Salz und Öl darunter, bis ein glatter Hefeteig entsteht, den du an einem warmen Ort abgedeckt noch einmal etwa 30–45 Minuten gehen lässt. Am Ende sollte sich sein Volumen verdoppelt haben.

3. Schneide derweil die Zwiebeln in feine Ringe und erhitze die Butter in einer Pfanne. Darin dünstest du die Zwiebeln glasig und würzt sie mit Salz und Pfeffer.

4. Sobald der Teig gegangen ist, rollst du ihn aus und legst ihn auf ein mit Backpapier ausgelegtes Blech.

5. Heize jetzt den Ofen auf 200 °C (Ober-/Unterhitze) vor.

6. Vermische die abgekühlten Zwiebeln mit der sauren Sahne, dem Ei, optional dem Speck und dem Kümmel. Schmecke die Mischung pikant mit Salz und Pfeffer ab und verteile sie auf dem Hefeteig.

7. Backe den Zwiebelkuchen etwa 30 Minuten, bis die Oberfläche goldbraun ist.

Tipp Du kannst natürlich auch Weizenmehl für den Boden verwenden. Nimm dann 400 g Mehl.

Essiggurken

Eingemachte Gurken

Herbstzeit ist Einmachzeit! Im Fränkischen sind unter anderem Essiggurken extrem beliebt, zum Beispiel zur Brotzeit. Mein Rezept bringt mit Ingwer, Meerrettich und anderen Gewürzen etwas Pepp in den Klassiker.

30 Minuten | Kochzeit: 30 Minuten | Ergibt etwa 5 Gläser

etwa 50 Einmachgurken (ca. 10 cm lang)
50 g + 2 EL Salz
500 ml heller Weinessig
1 Zwiebel, grob gewürfelt
10 g bunter Pfeffer
4 Lorbeerblätter
1 Stück Ingwer, etwa walnussgroß, in Scheiben
1 TL frischer Meerrettich, gewürfelt
1 Bund Dill
2 Zweige Estragon
125 g Senfkörner
1 mittelgroße Karotte, in Scheiben

1. Putze zuerst die Gurken, indem du Blüten und Stiele entfernst und sie gründlich wäschst. Gib 2 EL Salz darüber und lasse sie abgedeckt über Nacht ziehen.

2. Koche 500 ml Wasser mit dem Essig auf und lasse das restliche Salz, Zwiebel und Karotte sowie die Gewürze und Kräuter kurz mitkochen. Den Sud lässt du ebenfalls über Nacht abkühlen.

3. Am nächsten Tag schichtest du die Gurken dicht nebeneinander in Gläser und gießt den Sud auf. Verteile die Gewürze und Kräuter gleichmäßig auf die Gläser.

4. Lasse die Gurkengläser im Einkoch-Automaten bei 80 °C etwa 25–30 Minuten sterilisieren.

Tipp Wenn du es etwas schärfer magst, kannst du den Ingwer durch eine kleine Chilischote ersetzen. Magst du es milder, kannst du Meerrettich und Ingwer reduzieren oder weglassen. Verwende dann etwas mehr Kräuter.

Kürbis-Chutney

»Kürbis süß-sauer«

In Essig eingelegter Kürbis ist ein typisch fränkisches Rezept zum Haltbarmachen. Ich habe die Idee aufgegriffen und ein Chutney daraus gekocht. Das schmeckt wunderbar als Sauce zu Gegrilltem, zu Fondue oder zum Käse!

1 Stunde | Ergibt 4 Gläser à 250 ml

1 kleiner Kürbis (ca. 700 g)
3 kleine Zwiebeln
1 Stück Ingwer (etwa 2 cm lang)
500 g säuerliche Äpfel
1 Orange
1 kleine Chilischote (getrocknet)
50 g brauner Zucker
1 Zimtstange
1 Sternanis
100 g Honig
100 ml milder Weißwein- oder Apfelessig
Salz, Pfeffer, Zimt

1. Würfle den Kürbis sowie die Zwiebeln und den Ingwer. Schäle und entkerne die Äpfel und schneide das Fruchtfleisch ebenfalls in Würfel.

2. Schneide bei der Orange das Fruchtfleisch heraus und fange den Saft auf.

3. Erhitze das Öl in einem großen Topf und dünste darin die Zwiebeln sowie den Ingwer mit der Chilischote glasig an.

4. Gib den Kürbis, die Apfelwürfel sowie das Orangenfruchtfleisch hinzu und brate etwa 2–3 Minuten weiter.

5. Nun gibst du den braunen Zucker, die Zimtstange und den Sternanis hinzu und löschst alles mit dem Orangensaft, dem Honig und dem Essig ab.

6. Lasse das Chutney etwa 30 Minuten einköcheln und rühre dabei immer wieder um.

7. Zum Schluss entfernst du die Zimtstange, den Sternanis und die Chilischote und schmeckst das Chutney mit Salz, Pfeffer und ggf. etwas Zimt ab.

8. Fülle das Kürbis-Chutney noch heiß in Gläser und lasse es 10 Minuten auf dem Kopf stehen. Drehe die Gläser dann wieder um und lasse das Chutney vollständig abkühlen.

100%
SELBSTGEMACHT

Fruchtige Kürbissuppe

Süß-scharf mit Apfel und Curry

Kürbissuppe darf im Herbst auf keinem Tisch fehlen. Schon meine Uroma hatte in ihrem Rezeptbuch ein Rezept für »Süß-sauere Kürbissuppe«, das ich hier adaptiere. Die Besonderheit: Dank frischer Äpfel schmeckt die Suppe besonders fruchtig.

30 Minuten | Ergibt 4 Portionen

1 kg Butternut-Kürbis
2 mittelgroße Äpfel
1 Stange Staudensellerie
1 Karotte
1 große Zwiebel
1 Stück Ingwer, etwa walnussgroß
1 EL neutrales Öl
2 TL Currypulver
750 ml Hühner- oder Gemüsebrühe
200 ml Apfelsaft
1 EL Fruchtessig
Salz, Pfeffer

Zum Anrichten:
1 kleiner Apfel, Basilikum, 100 g saure Sahne

1. Schäle den Kürbis und entferne die Kerne, bevor du ihn in etwa 2 cm große Würfel schneidest. Ebenso verfährst du mit den Äpfeln. Putze Sellerie und Karotte und schneide beides in Scheiben. Die Zwiebel schneidest du in Würfel und den Ingwer in feine Stückchen.

2. Erhitze das Öl in einem großen Topf und brate darin die Zwiebel glasig. Gib dann Kürbis, Sellerie, Karotte, die Äpfel sowie den Ingwer zu und brate alles etwa 5 Minuten an.

3. Dann stäubst du das Currypulver darüber und brätst es noch kurz mit, bis es zu duften beginnt. Dann löschst du die Mischung mit der Brühe sowie dem Apfelsaft ab und lässt die Mischung etwa 20 Minuten kochen, bis das Gemüse weich ist.

4. Danach pürierst du die Suppe und schmeckst sie mit dem Essig sowie nach Wunsch noch mit Salz, Pfeffer und Currypulver ab.

5. Serviere die Suppe mit kleinen Apfelstückchen, Basilikumblättern und einem Klecks saurer Sahne.

Tipp Butternut-Kürbis schmeckt hier am besten, da er ein mildes Grundaroma hat. Hokkaido oder gelber Zentner eignen sich jedoch auch gut für eine Suppe. Experimentiere einfach ein wenig, bis du deinen Lieblingskürbis gefunden hast.

Pilz-Butterbrote

Fränkische Antipasti

Wer weiß, wo er suchen muss, findet in den fränkischen Wäldern viele Pilze. Wer es typisch fränkisch möchte, kombiniert sie mit Speck – wer es leichter mag, wählt Zitrone und Thymian als Begleiter.

1 Stunde | Für 6–8 Portionen

Für die Pilz-Antipasti

500 g gemischte Waldpilze (außerhalb der Saison braune Champignons)
1 kleine Zwiebel
2 EL Butter
2 EL Balsamico
2 EL Honig
50 ml Milch
2–3 Zweige Thymian
Salz, Pfeffer

Für die Speck-Röstzwiebelbutter

75 g magerer Speck
2–3 Frühlingszwiebeln
50 g Röstzwiebeln
250 g Butter
Rauchsalz, Pfeffer

Tipp Eine Variante ist Thymian-Zitronenbutter: 250 g Butter (Zimmertemperatur), 1 TL Zitronenabrieb, Saft der halben Zitrone und ein Bund fein gehackter Thymian. Mit Salz, Pfeffer und Zitrone abschmecken.

1. Putze die Pilze und schneide sie in grobe Stücke. Die Zwiebel würfelst du fein. Nun brätst du beides in der heißen Butter an, bis die Zwiebeln leicht gebräunt sind.

2. Lösche die Pilze mit dem Balsamico und dem Honig ab und würze alles mit Pfeffer. Gib die Milch sowie den Thymian dazu und lasse die Mischung so lange kochen, bis die Pilze bissfest sind.

3. Schmecke die Mischung nach Wunsch noch mit Salz und Pfeffer sowie Honig ab und lasse den Pilzsalat abkühlen.

4. Für die Speck-Röstzwiebelbutter brätst du den Speck in einer Pfanne ohne Fett sehr knusprig. Nimm ihn dann heraus.

5. Im ausgetretenen Bratfett des Specks brätst du die Frühlingszwiebeln in feinen Ringen an. Lasse beides abkühlen und mische es dann zusammen mit den Röstzwiebeln unter die weiche Butter.

6. Würze sie herzhaft mit Pfeffer und Rauchsalz und stelle sie bis zum Servieren kalt.

7. Streiche sie zum Servieren auf eine Scheibe Vollkornbrot und gib 2–3 EL der abgekühlten Pilz-Antipasti darauf. Streue nach Wunsch noch Speckwürfel über die Pilzmischung.

Pilz-Omelett

Leichter Klassiker im Herbst

Frische Pilze lassen sich auch ganz einfach in diesem fluffigen Omelett verarbeiten. So kommt das herrliche Aroma noch besser zur Geltung! Durch das Backen im Ofen ist dieses Omelett sehr fettarm und eiweißreich.

15 Minuten | Backzeit: 15 Minuten | Für 4 Personen

300 g gemischte Waldpilze
1 Zwiebel
1 Bund Schnittlauch
1 EL Butter
8 Eier
8 EL Mineralwasser
Salz, Pfeffer
100 g milder Käse (z.B. Gouda oder Mozzarella)

1. Putze die Pilze und schneide sie in Scheiben. Die Zwiebel schneidest du in feine Würfel und den Schnittlauch in Ringe.

2. Brate die Pilze sowie die Zwiebel in der Butter an, bis die Zwiebel glasig ist.

3. Verquirle die Eier mit dem Mineralwasser, Salz, Pfeffer und dem Schnittlauch.

4. Pinsele vier ofenfeste Förmchen (oder eine größere Form) mit Butter aus und verteile zuerst die Pilz-Zwiebel-Mischung darin. Darüber gießt du je ein Viertel der Eiermasse und gibst ein Viertel des frisch geriebenen Käses hinzu.

5. Backe die kleinen Omeletts bei 200 °C (Heißluft) etwa 15 Minuten. Wenn du eine größere Form verwendest, braucht das Omelette etwa 25–30 Minuten.

Tipp Dieses Omelett lässt sich natürlich außerhalb der Pilz-Saison mit vielen anderen Gemüse-Sorten zubereiten!

Schweinelendchen

mit Zwetschgensauce und Kürbispüree

Am Sonntag immer nur Braten? Das wäre langweilig! Die regionalen Zwetschgen verarbeite ich gerne zu einer süß-säuerlichen Sauce, die gut zu Schweinefilet passt. Ein Herbstgericht par excellence!

1,5 Stunden | Ergibt 4 Portionen

Für die Schweinelende

2 EL Butterschmalz
600 g Schweinelende
Salz, Pfeffer
2 EL Honig
2 Zweige Rosmarin

Für die Zwetschgensauce

500 g Zwetschgen
500 g Schalotten oder rote Zwiebeln
2 EL Butter
1 Stück Ingwer, etwa walnussgroß
1 Zimtstange
1 Zweig Rosmarin
1 EL brauner Zucker
1 EL Honig
100 ml Orangensaft
Salz, Pfeffer, Zimt, Chili

1. Heize den Ofen auf 180 °C (Ober-/Unterhitze) vor.

2. Erhitze das Butterschmalz in einer Pfanne und brate die Lende darin von allen Seiten je 1 Minute an, damit sie schön braun wird. Nimm das Fleisch heraus, würze es mit Salz und Pfeffer, träufle den Honig darüber und streue den Rosmarin darauf. Lege es dann zum Garen auf ein großes Stück Alufolie, verschließe sie zu einem dichten Päckchen – und ab damit in den Ofen!

3. Dann bereitest du die Zwetschgensauce vor: Wasche, ensteine und viertle die Früchte, schneide die Schalotten in Scheiben und schwitze sie in der heißen Butter glasig.

4. Anschließend fügst du die Zwetschgen, den Ingwer und die Zimtstange sowie den Rosmarinzweig dazu und brätst kurz weiter. Dann gibst du den Zucker und den Honig darüber und lässt alles etwas karamellisieren. Lösche die Zwetschgen mit dem Orangensaft ab und lasse alles bei sanfter Hitze etwa 15 Minuten einkochen, dabei öfter umrühren.

5. Schmecke die Zwetschgensauce mit Salz, Pfeffer, Chili, und ggf. noch Zimt und Honig süß-scharf ab. Entferne Zimt und Rosmarin und lasse die Mischung leicht abkühlen.

6. Zuletzt nimmst du das Fleisch aus dem Ofen und richtest es mit der Zwetschgensauce an. Dazu passen Kürbispüree oder Kartoffelpüree.

Reh-Burger

Wild mal anders serviert

Wild ist in Franken sehr beliebt und landet oft auf der Speisekarte. Ich mache gerne auch einmal einen Burger mit Rotkohl und karamellisierten Äpfeln daraus!

1 Stunde | Ziehzeit: 30 Minuten | Ergibt 4 Burger

Für die Burger-Pattys

½ TL Koriandersamen
½ TL Pimentkörner
2 Wacholderbeeren
½ TL Senfkörner
1 Msp. Zimt
1 Msp. Kakao
1 TL Salz
1 TL Pfeffer
500 g Rehhack (doppelt gewolft – kann man beim Metzger/Jäger so verlangen)
1 EL Magerquark
2 EL Rotwein
1 TL Sojasauce

Für den Rotkohl

1 kleines Glas Rotkohl
2 EL Preiselbeeren

Für die karamellisierten Äpfel

1 mittelgroßer Apfel
1 EL Zucker
1 Prise Zimt

1. Bereite zunächst die Burger-Pattys vor. Mische dazu Koriander, Piment, Wacholder, Senfkörner, Zimt und Kakao mit je 1 TL Salz und Pfeffer und mörsere alles. So hast du ein selbst gemachtes Wildgewürz.

2. Verknete als Nächstes die Gewürzmischung mit den anderen angegebenen Zutaten, schmecke ggf. noch mit Salz und Pfeffer ab und drücke je ¼ der Masse in der Burgerpresse zu Pattys. Stelle sie etwa 30 Minuten kalt.

3. Erwärme nun den Rotkohl, mische ihn mit den Preiselbeeren und würze ggf. nach. Lass dann den Rotkohl wieder lauwarm abkühlen.

4. Für die karamellisierten Äpfel schneidest du den Apfel in dünne Scheiben. Erhitze den Zucker in einer Pfanne ohne Fett, bis er leicht hellbraun ist. Dazu gibst du die Apfelscheiben und wendest sie gleichmäßig im Karamell. Streue noch etwas Zimt darüber und lasse den Apfel ebenfalls lauwarm abkühlen.

5. Wasche den Salat und schneide die Tomate in dünne Scheiben. Schneide jetzt die Laugenbrötchen auf und stelle dir fertige Barbecue-Saucen nach Wahl bereit.

6. Heize jetzt den Grill auf 250 °C auf und bestreiche die Unterseiten der Laugenbrötchen mit einer Sauce nach Wahl. Verteile darauf Salat und Tomate. →

Weitere Zutaten

Salatblätter
1 mittelgroße Tomate
Laugenbrötchen
Fertige Barbeque-Saucen
Senf und Mayonnaise nach Wunsch

7. Sobald der Grill heiß ist, legst du die Pattys darauf und brätst sie pro Seite etwa 2 Minuten bei geschlossenem Deckel. Lasse sie dann in der indirekten Hitze noch einmal 2 Minuten ziehen, bevor du sie auf die Laugenbrötchen setzt.

8. Verteile zuerst den Rotkohl und dann die Apfelspalten auf den Pattys und serviere die Burger sofort.

9. Dazu schmecken Süßkartoffel-Pommes oder Kartoffelspalten und etwas Preiselbeermarmelade.

Tipp Du kannst die Pattys auch schon am Vortag zubereiten und einfrieren. Lege sie dann gefroren auf den Grill und gare sie etwa 2 Minuten länger als angegeben.

Wildschweinbraten

mit Whiskey-Sauce

Damit Wildschwein nicht so »wild« schmeckt, empfehle ich, es mindestens einen Tag vorher einzulegen. Mit einer rauchigen Whiskey-Sauce bekommt der Klassiker einen ganz neuen Anstrich.

Marinieren: 1 Stunde | Bratzeit: 2 Stunden | Ergibt 4 Portionen

Für den Braten

2 kg Wildschweinrücken mit Knochen
1 große rote Paprika
3 große Zwiebeln
300 g Speckstreifen / Bacon
4 Esslöffel Barbecue-Sauce
1 Glas Wildfond
Rotwein, Salz, Pfeffer, Zucker

Für die Marinade

4 EL Senf (scharf)
4 EL brauner Zucker
6 EL Whiskey
1 EL Honig
6 EL Butter

1. Gib zuerst die Zutaten für die Marinade in einen Topf, koche alles auf und lasse es etwa 5 Minuten einreduzieren, bis es die Konsistenz von zähem Honig hat.

2. Währenddessen entfernst du die »Silberhäutchen« vom Wildschweinrücken. Dann reibst du ihn auf der Fleischseite großzügig mit der Marinade ein und lässt ihn im Kühlschrank mindestens 1 Stunde marinieren.

3. Schneide währenddessen Paprika und Zwiebeln in grobe Stücke und lege sie unten in den Dutch Oven oder einen Bräter.

4. Als Nächstes nimmst du den Wildschweinrücken aus dem Kühlschrank und umwickelst ihn mit den Speckstreifen (ggf. mit Zwirn festbinden).

5. Lege das Wildschwein ebenfalls in den Dutch Oven / Bräter und schließe den Deckel.

6. Wenn du im Grill arbeitest, heize 21 Kohlen vor: 7 legst du unter den Dutch Oven, 14 obendrauf. Wenn du den Braten im Ofen machst, heize auf 180 °C vor. Lass den Wildschweinbraten zunächst eine Stunde ziehen.

7. Bestreiche dann den Wildschweinrücken mit der Barbecue-Sauce und gieße den Wildfond an. So lässt du den Braten noch etwa 2 Stunden köcheln.

8. Wenn das Fleisch dann schön zart und weich ist, kannst du es herausnehmen, vom Knochen lösen und servieren.

9. Siebe die Sauce und schmecke sie mit etwas Rotwein, Salz, Pfeffer und Zucker ab. Wer die Sauce etwas dicker mag, kann auch das darin enthaltene Gemüse pürieren.

Tipp Als Beilage eignen sich Klöße oder Salzkartoffeln, ein frischer Salat und Preiselbeeren.

Martinshörnchen

Traditionsgebäck zum Martinstag

Am Martinstag hat jede Stadt ihre eigene Tradition. In Bayreuth backen wir Martinshörnchen, das sind Mürbeteighörnchen mit Nussfüllung. Nach dem Martinsumzug teilen wir sie in der Kirche symbolisch miteinander.

45 Minuten | Backzeit: 30 Minuten | Ergibt etwa 20 Stück

Für den Mürbeteig

500 g Mehl
150 g Zucker
250 g kalte Butter
2 Pck. Vanillezucker
2 TL Backpulver
2 Eier

Für die Füllung

150 g gemahlene Haselnüsse oder Mandeln
1 Eiweiß, zu Schnee geschlagen
50 g Zucker
3–4 Tropfen Bittermandelöl (optional)
2 EL Nutella
1 Prise Zimt (optional)
1 verquirltes Eigelb oder Milch

1. Aus den angegebenen Zutaten für den Teig knetest du einen Mürbeteig und lässt ihn im Kühlschrank etwa eine halbe Stunde ruhen.

2. Verrühre die Zutaten für die Füllung miteinander, bis eine streichfähige Masse entsteht. Wenn sie zu fest ist, kannst du etwas Sahne zugeben.

3. Rolle den Teig dünn aus und schneide ihn in etwa 8 x 8 cm große Quadrate. In die Mitte jedes Quadrates gibst du einen knappen Teelöffel von der Füllung. Anschließend rollst du die Quadrate diagonal auf und formst sie zu Hörnchen.

4. Setze die Hörnchen auf ein Blech und bestreiche sie mit dem verquirlten übrigen Eigelb oder etwas Milch. Im vorgeheizten Backofen (175 °C Ober-/Unterhitze) bäckst du sie etwa 25–30 Minuten goldgelb.

Winter

Zum Advent gehört eine große Auswahl an Plätzchen und Weihnachtsgebäck. Und dabei sind Lebkuchen aus Franken nicht wegzudenken, ebenso wie Plätzchen mit heimischen Nüssen und Früchten. Ein Traditionsgebäck muss jedes Jahr wieder auf dem Plätzchenteller landen: Die Nougatstangen sind mein absoluter Favorit! Meine Familie nennt sie deshalb scherzhaft »Inas Lieblinge«. Herzhafte Festtagsgerichte bestehen bei uns vor allem aus Geflügel und Wild. Als Beilage dazu kommen natürlich nur Klöße infrage. Und es gibt fast so viele Kloß-Varianten, wie es Familien in Franken gibt!

Früchtebrot im Glas

Perfekt zum Verschenken

Früher wurde das Früchtebrot in Franken mit getrockneten Birnen zubereitet. Ich nehme gern eine Auswahl verschiedener Trockenfrüchte. In Weckgläsern gebacken, ergibt das ein tolles Geschenk aus der Küche, das man gut vorbereiten kann.

1 Stunde | Marinierzeit: 1 Stunde | Ergibt 4 Gläser à 250 ml

125 g getrocknete Feigen
125 g getrocknete Cranberrys
100 g Rosinen
100 g getrocknete Aprikosen
100 g getrocknete Datteln
2 EL Orangenlikör
3 EL Orangensaft
3 Eier
125 g brauner Zucker
1 TL Vanille-Extrakt
150 g Mehl
1 Pck. Backpulver
1 EL Lebkuchengewürz
2 EL Rum
1 EL Zitronensaft
125 g gehackte Mandeln
125 g gehackte Haselnüsse

1. Schneide alle Trockenfrüchte klein und mariniere sie für eine Stunde in Orangenlikör und Orangensaft.

2. Rühre die Eier und den Zucker mit dem Vanille-Extrakt weiß-cremig (etwa 5 Minuten) und hebe dann vorsichtig das Mehl, gemischt mit Backpulver und Lebkuchengewürz, unter.

3. Zum Schluss hebst du den Rum, den Zitronensaft sowie die abgetropften Früchte und die Mandeln und Nüsse unter.

4. Verteile den Teig auf die gebutterten und mit Mehl ausgestreuten Gläser.

5. Backe das Früchtebrot bei 180 °C (Ober-/Unterhitze) etwa 30–40 Minuten (je nach Form deiner Gläser).

6. Verschließe die Gläser, sobald das Früchtebrot etwas abgekühlt ist. So hält es sich etwa 3 Wochen und wird leckerer, je länger es durchziehen kann.

Tipp Du kannst die Menge auch im Ganzen in einer Kastenform backen. Das Früchtebrot braucht dann etwa 1 Stunde, bis es fertig gebacken ist.

Klassischer Stollen

nach Omas Rezept

Für Stollen hat wohl jede fränkische Hausfrau ihr eigenes Rezept. Die Besonderheit an unserem Familienrezept: Der Stollenteig darf lange gehen und braucht daher nur sehr wenig Hefe – das sorgt für besseres Aroma!

90 Minuten | Gehzeit: 4–6 Stunden | Ergibt 2 mittelgroße Stollen

250 g Rosinen
125 g gehackte Mandeln
100 ml Rum
200 ml Milch
250 g Zucker
10 g Hefe
1,25 kg Mehl
250 g Butter (weich)
2 Eier (Zimmertemperatur)
1 Eigelb (Zimmertemperatur)
2–3 EL Arrak
Saft und Schale einer halben unbehandelten Zitrone
50 g Zitronat, fein gewiegt
100 g Butter zum Bestreichen
200 g Puderzucker zum Bestreuen

Tipp Wenn du möchtest, kannst du den Teig bei Schritt 6 auch für etwa 12 Stunden in den Kühlschrank stellen, dann geht er langsamer und wird feiner.

1. Lege am Vortag die Rosinen und die Mandeln im Rum ein und lasse sie über Nacht ziehen. Gieße am nächsten Tag den Rum ab und lasse Rosinen sowie Mandeln gut abtropfen.

2. Dann erwärmst du die Milch ganz leicht und mischst 2 EL von dem Zucker darunter. Löse darin die Hefe auf und lasse die Mischung etwa 10 Minuten an einem warmen Ort stehen, bis sich Bläschen bilden.

3. Mische das Mehl mit der weichen Butter, dem Zucker, den Eiern und der Hefemilch und knete den Teig etwa 10 Minuten, bis er glatt ist. Bei Bedarf noch Milch zugeben.

4. Mische zuletzt den Arrak (wichtig: Wenn der Alkohol früher dazukommt, geht der Teig weniger gut!) sowie Zitronenschale und Saft unter.

5. Dann knetest du Rosinen, Mandeln und Zitronat unter den Teig und deckst ihn ab.

6. An einem warmen Ort muss der Stollenteig jetzt etwa 4–6 Stunden gehen, bis er sein Volumen verdoppelt hat.

7. Anschließend teilst du den Teig und machst zwei Stollen daraus. Forme dazu zwei etwa 3 cm dicke Kreise und klappe zuerst ⅓ der Fläche auf einer Seite nach innen. Dann schlägst du die zweite Seite darüber und formst einen Stollen.

8. Lasse die Stollen noch einmal etwa 30 Minuten abgedeckt gehen, bevor du sie bei 160 °C (Ober-/Unterhitze) etwa 50 Minuten bäckst.

9. Bestreiche den Stollen noch heiß mit 100 g geschmolzener Butter und streue Puderzucker darüber.

Elisenlebkuchen

Klassiker aus Nürnberg

Elisenlebkuchen sind wohl der Klassiker, wenn man an fränkisches Gebäck denkt! Mein Rezept stammt von einer – längst geschlossenen – Bäckerei und schmeckt besonders gut mit einer Schoko- oder Punsch-Glasur.

1 Stunde | Trockenzeit: 4 Stunden | Ergibt etwa 20 Lebkuchen

80 g Marzipan
180 g Zucker
50 g Orangeat (klein gehackt)
10 g Lebkuchengewürz
3 mittlere Eier
1 Prise Salz
80 g Mandelblättchen
70 g gemahlene Haselnüsse
60 g Mehl
20 runde Oblaten (10 cm Durchmesser)
Schokolade zum Bestreichen

1. Rühre zuerst das Marzipan mit dem Zucker, dem Orangeat, dem Lebkuchengewürz sowie den Eiern und einer Prise Salz glatt.

2. Mische die Mandelblättchen, die Haselnüsse und das Mehl und hebe diese Mischung vorsichtig unter die Marzipanmischung.

3. Streiche je einen Esslöffel der Mischung auf eine Oblate. Verteile dabei den Teig von der Mitte her, sodass die Oblaten am Rand dünner mit Teig bedeckt sind.

4. Lasse die Elisenlebkuchen etwa 4 Stunden bei Zimmertemperatur trocknen, bevor du sie bei 180 °C (Ober-/Unterhitze) etwa 15–20 Minuten bäckst.

5. Verziere die Lebkuchen nach dem Erkalten nach Wunsch mit Schokolade oder Punsch-Glasur (siehe unten).

Tipp Für die Punschglasur mische ich 200 g Puderzucker mit 1 EL Zitronensaft sowie 2–3 EL Glühwein. Wer es alkoholfrei möchte, greift auf Früchtetee und etwas Rum-Aroma zurück.

Weiße Lebkuchen

Lebkuchen-Konfekt

Im Vergleich zu Elisenlebkuchen kommt dieses Nürnberger Rezept mit weniger Nüssen aus, verwendet aber dieselben Gewürze. Ich serviere die weißen Lebkuchen gerne in der Form von Cantuccini, denn so kann man sich mal ein Stück mehr gönnen.

30 Minuten | Trockenzeit: 2 Stunden | Ergibt etwa 50 Lebkuchen-Schnitten

250 g gehackte Mandeln
8 Eier
400 g Zucker
je 70 g Zitronat und Orangeat (klein gewürfelt)
½ TL Nelken
½ TL Kardamom
1 EL Zimt
1 Prise Muskatnuss
1 Msp. Pottasche
1 TL Rum
500 g Mehl
8 große, eckige Oblaten (12 x 20 cm)
Puderzucker zum Bestreuen

Tipp Wenn du möchtest, kannst du die weißen Lebkuchen auch auf kleinen Oblaten als normale Lebkuchen servieren. Besonders schön sieht es aus, wenn du vor dem Backen noch halbe Mandeln oder Belegkirschen darauflegst.

1. Heize den Ofen auf 100 °C (Ober-/Unterhitze) vor und röste die Mandeln etwa 3–5 Minuten, bis sie zu duften beginnen, aber noch ganz hell sind.

2. Trenne die Eier und schlage das Eiweiß steif.

3. Vermische das Eigelb mit dem Zucker und rühre die Mischung etwa 10 Minuten weiß-cremig. Danach fügst du die Gewürze hinzu.

4. Die Pottasche löst du im Rum auf und rührst sie unter die Zucker-Ei-Mischung. Als Nächstes hebst du vorsichtig Zitronat, Orangeat und Mandeln unter.

5. Zuletzt hebst du das Mehl im Wechsel mit dem Eischnee unter.

6. Streiche den weichen Teig auf die Oblaten und lasse die Lebkuchen etwa 2 Stunden bei Zimmertemperatur trocknen.

7. Anschließend bäckst du die weißen Lebkuchen bei 120 °C (Ober-/Unterhitze) etwa 20 Minuten, bis sie vollständig durchgebacken sind.

8. Schneide sie nach dem Erkalten in etwa fingerdicke Streifen und verziere sie mit Puderzucker.

Nougatstangen

Schoko-Nuss-Spritzgebäck

Diese Plätzchen heißen bei uns in der Familie auch »Inas Lieblinge«, da ich das feine Spritzgebäck unglaublich gerne esse. Kein Wunder: fränkische Haselnüsse, Schokolade und feines Nougat – wer findet diese Kombi nicht unwiderstehlich?

30 Minuten | Verzieren: 30 Minuten | Ergibt etwa 15–20 Stück

225 g Butter
100 g Puderzucker
3 Eigelb
2 Msp. Zimt
200 g Mehl
40 g Kakao
1 TL Backpulver
125 g gemahlene Haselnüsse (in der Pfanne duftend geröstet)
100 g Nuss-Nougat
125 g Zartbitterschokolade
30 g Kokosfett

1. Zuerst rührst du die Butter schaumig und gibst den Puderzucker sowie das Eigelb und den Zimt dazu. Nun rührst du weiter, bis die Masse cremig ist.

2. Mische das Mehl mit dem Kakao und dem Backpulver und rühre es im Wechsel mit den Haselnüssen unter die Buttermasse zu einem festen, aber spritzfähigen Teig.

3. Diesen füllst du in einen Spritzbeutel mit Sterntülle und spritzt etwa fingerlange gleichmäßige Stücke auf ein mit Backpapier ausgelegtes Blech. Achte dabei auf genügend Abstand, denn die Nougatstangen gehen beim Backen noch etwas auf!

4. Backe die Stangen bei 160 °C Ober-/Unterhitze etwa 7–9 Minuten, bis sie fertig, aber noch recht weich sind. Lasse die Stangen erkalten.

5. Schmelze nun das Nougat und klebe damit jeweils zwei passende Stangen aufeinander.

6. Zuletzt schmilzt du die Schokolade mit dem Kokosfett und überziehst eine Seite der Nougatstangen damit.

Butterplätzchen

Omas bewährtes Rezept

Butterplätzchen gehören zu den ersten Rezepten, bei denen ich als Kind mitgeholfen habe. Die dürfen kein Jahr fehlen! Bei uns verfeinert – typisch fränkisch – etwas Arrak den Teig, was für ein ausgewogenes Aroma sorgt.

90 Minuten | Kühlzeit: 30 Minuten | Ergibt etwa 100 mittelgroße Plätzchen

375 g kalte Butter in Stückchen
150 g Zucker
2 Eigelb
3 EL Arrak (ersatzweise Rum)
3 TL Vanillezucker
500 g Mehl

1. Verknete alle Zutaten zu einem glatten Teig und stelle ihn etwa 30 Minuten kühl.

2. Rolle den Teig etwa 3–4 mm dick aus und steche Formen nach Wunsch aus.

3. Bei 175 °C (Ober-/Unterhitze) bäckst du die Plätzchen auf der mittleren Schiene etwa 5–7 Minuten, bis sie an den Rändern leicht golden sind.

4. Nach dem Abkühlen kannst du die Butterplätzchen nach Wunsch mit Zuckerguss oder Schoko-Glasur verzieren.

Tipp Du solltest immer nur ein Blech gleichzeitig backen: Bei zwei oder mehr Blechen im Ofen werden die Plätzchen oft ungleichmäßig braun.

Magenbrot

Fränkische Rührteig-Plätzchen

Achtung, dieses Rezept aus dem Bayreuther Umland ist nicht mit dem bayerischen Magenbrot zu verwechseln, das man auf Jahrmärkten kaufen kann! Vielmehr handelt es sich bei dieser Variante um eine Art weiche Lebkuchen.

45 Minuten | Backzeit: 20 Minuten | Ergibt ein Blech à 20x30 cm

200 g Zucker
2 Eier
1 TL Zimt
1 Msp. Nelkenpulver
2 EL Zitronat (fein gewiegt)
Abgeriebene Schale einer halben unbehandelten Zitrone
100 g Rosinen
200 g gemahlene Haselnüsse
100 g Mehl
½ TL Hirschhornsalz
200 g süße Sahne
Schokoladen- oder Puderzuckerglasur

1. Verrühre alle Zutaten miteinander und streiche den Teig auf ein Blech (20x30 cm).

2. Backe das Magenbrot bei 175 °C (Ober-/Unterhitze) etwa 20 Minuten (Stäbchenprobe machen).

3. Sobald es erkaltet ist, kannst du es nach Wunsch mit Schokoladen- oder Puderzuckerglasur überziehen, verzieren und in kleine Würfel (ca. 2x2 cm) schneiden.

Tipp Das Magenbrot solltest du frisch zubereiten. Es hält sich luftdicht verpackt etwa eine Woche.

Terrassenplätzchen

mit selbst gemachter Marmelade

Terrassenplätzchen gehören bei uns zum festen Inventar auf dem Weihnachtsteller. Anstelle des typischen Johannisbeergelees verwende ich auch gerne mal Quittengelee oder sogar Schokocreme.

90 Minuten | Kühlzeit: 30 Minuten | Ergibt etwa 30 mittelgroße Plätzchen

300 g Mehl
2 TL Backpulver
100 g Zucker
1 Pck. Vanillezucker
1 Ei
150 g Butter
1 Glas Gelee oder Schokocreme
100 g Puderzucker zum Bestreuen

1. Verknete alle Zutaten mit Ausnahme des Gelees und des Puderzuckers zu einem glatten Teig und stelle ihn mindestens 30 Minuten kühl.

2. Rolle den Teig etwa 3–4 mm dick aus und steche jeweils eine große und eine kleinere Form aus (z. B. ein kleines und ein großes Herz oder zwei unterschiedlich große Kreise).

3. Backe die Plätzchen bei 175 °C (Ober-/Unterhitze) auf der mittleren Schiene etwa 5–7 Minuten, bis sie an den Rändern leicht golden sind.

4. Sobald die Plätzchen abgekühlt sind, erwärmst du das Gelee leicht und bestreichst damit großzügig die Unterseite der kleinen Plätzchen.

5. Setze jeweils ein kleines auf eines der großen Plätzchen und bestaube das Ganze mit Puderzucker.

Tipp Die Terrassenplätzchen halten sich in einer Dose luftdicht verschlossen etwa 4 Wochen. Du kannst sie also gut schon zu Beginn der Adventszeit auf Vorrat backen.

Anislaiberl

Stille Stars auf dem Plätzchenteller

Sie sehen schlicht aus, sind aber sehr lecker: Die feinen, fettarmen Anislaiberl schmecken intensiv nach Anis und erinnern ein wenig an Baiser-Plätzchen.

30 Minuten | Trockenzeit: 12 Stunden | Ergibt etwa 100 Stück

4 mittelgroße Eier
250 g Zucker
250–300 g Mehl
2 TL gemahlener Anis

1. Rühre Eier und Zucker mit dem Handrührer oder der Küchenmaschine etwa 10 Minuten weiß-cremig.

2. Siebe vorsichtig Mehl und Anis darüber und hebe das Ganze nach und nach unter die Eiermasse.

3. Der Teig sollte eine zäh fließende Konsistenz haben. Ist er zu flüssig, gib noch etwas mehr Mehl hinein.

4. Setze je einen Teelöffel der Masse auf ein mit Backpapier ausgelegtes Blech. Achte auf genügend Abstand zwischen den einzelnen Plätzchen, da sie noch etwas auseinanderlaufen.

5. Lasse die Anislaiberl über Nacht bei Zimmertemperatur trocknen.

6. Am nächsten Tag bäckst du die Plätzchen bei 100 °C (Ober-/Unterhitze) etwa 10–15 Minuten. Sie sollten fest, aber noch hell sein.

Prinzregentenschnitten

Weihnachtliches Konfekt

Mit der bayerischen Prinzregententorte hat dieses fränkische Rezept, auch »Heinerle« genannt, wenig zu tun, denn es handelt sich um ein weihnachtliches Konfekt. Ich verfeinere die Schokomasse noch mit etwas Lebkuchengewürz.

20 Minuten | Kühlzeit: 8 Stunden | Ergibt etwa 30 Stück

300 g dunkle Schokolade
100 g süße Sahne
1 TL Vanille-Extrakt
1–2 TL Lebkuchengewürz
etwa 10 eckige Oblaten (12 x 20 cm)
1 Pck. Schokoladenglasur und Deko nach Wahl

1. Hacke die Schokolade in kleine Stücke.

2. Koche die Sahne auf und nimm den Topf vom Herd. Schmelze die Schokolade darin, bis eine glatte Masse entsteht. Dort hinein rührst du Vanille und Lebkuchengewürz.

3. Nun lässt du die Ganache abkühlen, bis sie in etwa die Konsistenz von Nuss-Nougat-Creme hat.

4. Lege eine kleine Form (etwa 20 x 20 cm) mit Frischhaltefolie aus (so lässt sich das Konfekt später leichter lösen).

5. Beginne das Schichten des Konfekts mit einer Lage Oblaten. Darauf streichst du etwa 2 mm dick die Schokoladencreme. Wiederhole den Vorgang so oft, bis die Schokolade aufgebraucht ist, und schließe mit einer Schicht Oblaten ab.

6. Nun legst du Frischhaltefolie über das Konfekt und packst etwas Schweres darauf, z. B. Bücher. Lass das Konfekt über Nacht im Kühlschrank fest werden.

7. Am nächsten Tag verzierst du es mit der Schokoladenglasur und ggf. noch mit anderer Dekoration.

8. Schneide das Konfekt in Würfel (etwa 2 x 2 cm) und bewahre es bis zum Servieren kühl auf.

Tipp Das ursprüngliche Rezept verwendet frische Eier. Damit sich das Konfekt länger hält, greife ich aber auf die Sahne-Variante zurück; so hält es sich im Kühlschrank etwa 3 Wochen.

Fluffiger Rotweinkuchen

Zum Adventskaffee

Der Rotweinkuchen vereint weihnachtliche Aromen und fränkischen Wein – ein echtes Highlight auf der Kaffeetafel. Er kommt auch mit relativ wenig Butter aus, denn der Wein sorgt für die Saftigkeit.

20 Minuten | Backzeit: 70 Minuten | Ergibt einen Gugelhupf

4 Eier
1 Prise Salz
200 g Butter oder Margarine (Zimmertemperatur)
200 g Zucker
1 Pck. Vanillezucker
250 g Mehl
1 TL Zimt
1 EL Kakao
1 Pck. Backpulver
125 ml trockener Rotwein
100 g Schokostreusel oder Schokolade in Spänen

1. Trenne die Eier und schlage das Eiweiß mit einer Prise Salz zu Schnee.

2. Rühre die Butter mit dem Zucker und dem Vanillezucker etwa 5–10 Minuten weiß-cremig. Dann gibst du das Eigelb einzeln hinein und rührst die Masse noch einmal etwa 1–2 Minuten.

3. Vermische das Mehl mit Zimt, Kakao und Backpulver und rühre diese Mischung im Wechsel mit dem Rotwein unter die Buttermasse.

4. Zuletzt hebst du den Eischnee und die Schokostreusel abwechselnd unter den Teig.

5. Gib den Teig jetzt in eine gebutterte und mit Mehl ausgestreute Gugelhupfform und backe ihn bei 175 °C (Ober-/Unterhitze) etwa 75–80 Minuten (Stäbchenprobe machen).

Tipp Ich streue die Gugelhupfform immer mit Mehl aus, das gibt eine feinere Oberfläche, als wenn du Grieß oder Semmelbrösel verwendest.

Fränkischer Punsch

und alkoholfreie Variante

Dieser Punsch findet sich schon in den Rezeptbüchern meiner Urgroßmutter. Die einzige Änderung, die ich gern vornehme: Statt säuerlichem Johannisbeersaft nehme ich Cranberrysaft – dadurch kann man sich viel Zucker sparen.

20 Minuten | Für etwa 8 Gläser

2 unbehandelte Orangen
1 unbehandelte Zitrone
1 l schwarzer Tee
500 ml Cranberrysaft
150 g brauner Zucker oder Kokosblütenzucker
1 Zimtstange
2 Sternanis
2 Nelken
750 ml lieblicher Rotwein
50 ml Rum oder Amaretto (optional)

1. Entferne mit einem Sparschäler die Schale von den Orangen und der Zitrone und bewahre sie auf. Presse den Saft der Zitrusfrüchte aus.

2. Mische den schwarzen Tee mit dem Cranberrysaft, dem Orangen- und Zitronensaft sowie dem Zucker.

3. Gib die Gewürze mit den Schalen von Zitrone und Orangen in einen Teefilter und hänge ihn in die Teemischung. Lass das Ganze etwa 10 Minuten köcheln und entferne dann das Säckchen mit den Gewürzen.

4. Gib den Wein sowie nach Wunsch Rum bzw. Amaretto zu und erwärme die Mischung noch einmal (nicht mehr kochen!), bevor du ihn servierst.

5. Wer mag, kann den Punsch beim Servieren noch mit etwas Honig nachsüßen.

Tipp Für einen Kinderpunsch ersetzt du den schwarzen Tee durch Früchtetee und verwendest anstelle des Rotweins roten Traubensaft. Reduziere den Zucker um die Hälfte und bereite den Pusch ansonsten genau wie beschrieben zu.

Bratapfel

mit Lebkuchengeschmack

Der Bratapfel ist natürlich in ganz Deutschland verbreitet. Fränkisch wird meine Variante, die ganz ohne Zucker auskommt, durch das Aroma von Lebkuchen in der Füllung.

45 Minuten | Ergibt 4 Bratäpfel

1 EL Rosinen
oder Cranberrys
1 TL Rum
4 mittelgroße Äpfel
(z.B. Gala oder Elstar)
1 EL Mandelblättchen
½ TL Spekulatius- oder
Lebkuchengewürz

1. Lege die Rosinen oder Cranberrys für 30 Minuten in einem Teelöffel Rum ein.

2. Heize den Backofen auf 180 °C Ober-/Unterhitze vor.

3. Wasche die Äpfel gründlich und tupfe sie trocken. Entferne mit einem Apfelentkerner oder einem scharfen Messer das Kerngehäuse – achte aber darauf, dass unten noch ein dichter Boden bleibt, sonst läuft die Füllung heraus!

4. Mische die restlichen Zutaten für die Füllung und fülle sie in die Äpfel. Diese setzt du dann in eine mit Backpapier ausgelegte Auflaufform.

5. Backe die Bratäpfel etwa 30 Minuten im heißen Ofen, bis sie weich sind. Wenn sie zu dunkel werden, decke sie in den letzten Minuten mit etwas Alufolie ab.

6. Verfeinere die Bratäpfel nach Wunsch noch mit etwas Zimt und serviere sie heiß, eventuell mit Vanillesauce oder Vanilleeis.

Tipp Du kannst auch Marzipan und gebrannte Mandeln oder ein Stück Schokolade und etwas Zimt in die Äpfel füllen.

Rote-Bete-Ofengemüse

Gesunde Abwechslung im Winter

Zwischen all den süßen Weihnachtsleckereien ist dieses winterliche Ofengemüse mit regionalem Wurzelgemüse eine willkommene Abwechslung – ideal auch für die Lunchbox!

20 Minuten | Backzeit: 45 Minuten | Für 4 Personen

500 g Rote Bete (evtl. vorgegart)
250 g Knollensellerie
250 g Steckrübe oder Kartoffeln
500 g Pastinaken
5 EL Orangensaft
1 Zweig Rosmarin
½ Bund Thymian
½ Bund Oregano
2 EL Olivenöl
Salz, (Orangen-)Pfeffer
1 Prise Zimt
200 g Feta

1. Heize den Ofen auf 200 °C (Heißluft) vor.

2. Schneide die Rote Bete in etwa 1 cm dicke Spalten (frische Rote Beten vorher schälen und dabei Gummihandschuhe tragen!). Schäle Sellerie, Steckrübe und Pastinaken und schneide alles in etwa 1 cm dicke Würfel bzw. Scheiben.

3. Mische das Gemüse in einer Auflaufform mit dem Orangensaft, den Kräutern und dem Olivenöl und würze das Ganze mit Salz, (Orangen-)Pfeffer sowie einer Prise Zimt.

4. Lasse das Gemüse unter gelegentlichem Wenden etwa 40 Minuten backen, bis es bissfest ist.

5. Nun schneidest du den Feta in Würfel, gibst ihn dazu und lässt das Ganze noch einmal 5 Minuten backen, bis der Käse weich ist. Würze bei Bedarf noch einmal mit Salz, Pfeffer und Kräutern nach.

Tipp Das Ofengemüse schmeckt auch kalt und eignet sich hervorragend zum Mitnehmen ins Büro. Packe dann den Feta aber separat ein, damit er sich nicht von der Roten Bete verfärbt.

Zweierlei Rosenkohl

Neu interpretiert als Beilage

Rosenkohl ist im Winter eine typische Beilage zu Braten. Ich mag nicht, wenn er zu weich gekocht ist, deshalb gibt es ihn bei mir aus dem Ofen mit zwei frischen Geschmacksrichtungen. Magst du ihn lieber scharf oder mild?

20 Minuten | Backzeit: 45 Minuten | Beilage für 4 Personen

750 g Rosenkohl
(geputzt etwa 550 g)
2 EL Olivenöl
Salz, Pfeffer

Für die Paprika-marinade
1 TL Paprikapulver
Chilipulver (optional)
1 TL Honig
50 g Speckwürfel

Für die Parmesan-Kräuter-Marinade
1 EL italienische Kräuter
1 EL Zitronensaft
30 g geriebener Parmesan

Tipp Du kannst den Rosenkohl gut zu Wild oder Braten servieren. Mit Kurzgebratenem schmeckt er aber auch als schnelles Essen für jeden Tag.

1. Putze den Rosenkohl, wasche die Knollen und lasse sie gut abtropfen.

2. Als Nächstes heizt du den Ofen auf 200 °C Umluft vor.

3. Halbiere den Rosenkohl längs und lege die Knollen mit der Schnittfläche nach unten auf ein mit Backpapier ausgelegtes Blech.

4. Nun träufelst du das Olivenöl darüber und würzt die Knollen mit Salz, Pfeffer sowie den Zutaten für die ausgewählte Marinade (bei der Kräuter-Variante den Parmesan zunächst noch nicht dazugeben!).

5. Backe den Rosenkohl im heißen Ofen etwa 30–45 Minuten: Die ersten 20 Minuten deckst du das Blech mit Alufolie ab, danach entfernst du sie, damit die Spitzen schön knusprig werden. Rühre nach dem Entfernen der Folie einmal um.

6. Sobald der Rosenkohl bissfest ist und die Spitzen ganz leicht knusprig sind, ist er fertig.

7. Würze ggf. nach und verteile bei der Kräuter-Variante den Parmesan auf dem Rosenkohl. Wenn du möchtest, kannst du die Paprika-Variante mit gerösteten Speckwürfeln servieren.

Blaukraut

Perfekt zum Sauerbraten

»Blaukraut« sagt der Franke zum Rotkohl. Das rührt daher, dass wir anders als im Norden Deutschlands keine Säure in Form von Essig zugeben – dadurch behält der Kohl seine blau-violette Farbe.

45 Minuten | Für 4 Personen

1 Rotkohl (etwa 750 g)
1 Zwiebel
1 EL Butter
1 Lorbeerblatt
3 Wacholderbeeren
1 Zimtstange
1 Handvoll getrocknete Cranberrys
5 EL Johannisbeergelee (oder Preiselbeeren aus dem Glas)
200 ml Gemüsebrühe
200 ml Rotwein
Salz, Pfeffer, Zimt

1. Putze den Rotkohl, entferne die äußeren Blätter, viertele ihn und schneide den Strunk heraus. Schneide die verbliebenen Blätter in dünne Scheiben.

2. Würfle die Zwiebel fein und erhitze die Butter in einem Topf. Darin brätst du erst die Zwiebel glasig. Anschließend gibst du den Rotkohl zu und dünstest 5 Minuten weiter.

3. Gib das Lorbeerblatt, die Wacholderbeeren und die Zimtstange, die Cranberrys sowie das Johannisbeergelee zu und lösche das Ganze mit der Gemüsebrühe und dem Rotwein ab.

4. Lasse den Rotkohl etwa 20–25 Minuten garen, bis er weich ist.

5. Schmecke ihn mit Preiselbeeren, Salz und Pfeffer und Zimt ab.

Tipp Wenn es schnell gehen soll, verwende einfach fertigen Rotkohl aus dem Glas und verfeinere ihn mit Johannisbeergelee, Cranberrys und Zimt.

Seidene Klöße

Klöße aus gekochten Kartoffeln

Neben »Halb-und-halb«-Klößen (s. S. 78–81) sind die »seidenen« Klöße in Franken beliebt. Sie bestehen nur aus gekochten Kartoffeln. Ich mag diese Variante sehr gerne, auch weil sie einfach zuzubereiten ist.

1 Stunde | Ergibt etwa 6 Klöße

1 altes Brötchen
1 EL Butter
1 kg mehligkochende Kartoffeln
250 g Kartoffelmehl
2 Eier
1,5 TL Salz
1 Prise Muskat (optional)

1. Schneide das alte Brötchen in kleine Würfel und gib sie in eine kleine ofenfeste Form. Verteile die Butter darüber und backe die Stücke bei 180 °C im Ofen knusprig. Lasse die »Bröggala« (wie der Franke dazu sagt) abkühlen.

2. Koche die Kartoffeln in Salzwasser, gieße sie ab und schäle sie.

3. Als Nächstes presst du die Kartoffeln durch eine Kartoffelpresse und fügst die restlichen Zutaten hinzu. Daraus knetest du einen weichen Teig. Bei Bedarf würzt du noch etwas mit Salz und einer Prise Muskat nach.

4. Forme aus dem Kloßteig sechs runde Klöße, in deren Mitte du jeweils 3–4 der »Bröggala« legst.

5. Erhitze etwa 2 Liter Salzwasser, bis es fast kocht, und lege dann die Klöße hinein. Im siedenden Wasser lässt du die Klöße etwa 20 Minuten ziehen, bis sie komplett durchgegart sind.

Tipp Wenn du die »Bröggala« nicht selber machen möchtest, kannst du klein gebrochene Salzstangen verwenden – das ist zwar nicht authentisch, funktioniert aber ebenso.

Serviettklöße

Klöße aus alten Brötchen

Auch Serviettklöße sind in Franken sehr beliebt. Seinen Namen hat der Kloß aus alten Brötchen, weil er ursprünglich in einer Stoffserviette gedämpft wurde. Ich mache es mir einfacher und gare ihn in einem Gefrierbeutel.

45 Minuten | Kochzeit: 1 Stunde | Als Beilage für 4 Personen

5 alte helle Brötchen
125 ml Milch
3 Eier
1 Prise Salz
1 Zwiebel
1 EL Butter
1 Bund Petersilie
Salz, Pfeffer, Muskat

1. Schneide die Brötchen in dünne Scheiben und weiche sie etwa 30 Minuten in der Milch ein. Am Ende sollten sie die Milch ganz aufgesogen haben.

2. Trenne die Eier und schlage das Eiweiß mit einer Prise Salz steif.

3. Schneide die Zwiebel in feine Würfel und brate diese in der Butter glasig. Die Petersilie hackst du fein.

4. Nun mischst du Eigelb, Zwiebel, Petersilie und Brötchen miteinander und würzt die Masse kräftig mit Salz, Pfeffer und etwas Muskat. Zuletzt hebst du den steif geschlagenen Eischnee unter und füllst die Masse in einen Gefrierbeutel oder Bratschlauch mit etwa einem Liter Volumen. Forme ihn zu einer länglichen Wurst und verschließe den Beutel gut.

5. Erhitze 2 Liter Wasser und hänge den Gefrierbeutel ins Wasser. Der Kloß sollte vollständig im Wasser liegen.

6. Lasse den Serviettkloß etwa eine Stunde im heißen Wasser ziehen, bis er vollständig fest ist. Dann schneidest du ihn in Scheiben und servierst ihn.

Tipp Reste vom Serviettkloß schmecken hervorragend, wenn man sie am nächsten Tag in etwas Butter goldbraun brät (ähnlich wie die Eingeschnittenen Klöße, s. S. 24). Dazu passen z. B. Pilze.

Rehragout

mit Schokolade und Wurzelgemüse

Bei uns gibt es an Weihnachten oft Wild. Doch es muss nicht immer Rehkeule sein! Ein feines Ragout mit regionalem Gemüse und Schokolade in der Sauce schmeckt ebenso gut und greift typisch winterliche Aromen auf.

90 Minuten | Für 4 Personen

800 g Rehkeule
2 Zwiebeln
2 Karotten
1 Petersilienwurzel
1 kleine Süßkartoffel
75 g Knollensellerie
4 mittelgroße Tomaten
2–3 EL Butterschmalz
1 TL Paprikapulver
1 Prise Piment
1 Prise Zimt
1 EL Tomatenmark
1 EL Mehl
400 ml Wildfond
100 ml Rotwein
1 Zimtstange
2–3 Zweige Thymian
20 g dunkle Schokolade
Salz, Pfeffer

1. Entferne die Silberhäutchen vom Reh und löse das Fleisch vom Knochen. Schneide es in grobe Würfel. Ziehe die Zwiebeln ab, schäle das Gemüse und hacke alles in Würfel.

2. Erhitze das Butterschmalz in einem Bräter und brate das Fleisch portionsweise kräftig an. Dann nimmst du es wieder heraus und brätst als Nächstes das Gemüse kräftig an.

3. Bestaube es mit Paprikapulver, Piment und Zimt und gib das Tomatenmark sowie das Mehl hinzu.

4. Wenn alles noch einmal kurz angeschwitzt ist, löschst du das Gemüse mit dem Wildfond und dem Rotwein ab. Gib die Zimtstange sowie den Thymian dazu.

5. Leg das Fleisch wieder in den Bräter und lasse alles etwa 45–60 Minuten bei leiser Hitze schmoren. Wenn Flüssigkeit fehlt, kannst du etwas Wein oder Fond angießen.

6. Sobald das Ragout zart ist, entfernst du Zimtstange und Thymian und lässt die Schokolade in der Sauce schmelzen.

7. Schmecke das Ragout mit Salz, Pfeffer und ggf. etwas Paprika, Piment und Zimt ab.

Tipp Dazu schmecken Serviettklöße (s. S. 182) oder – auch wenn es nicht typisch fränkisch ist – Spätzle.

Entenbrust

mit Johannisbeersauce

In vielen fränkischen Haushalten gibt es zu Weihnachten traditionell Ente oder Gans. Ich serviere hier nur die Brust, das geht schneller und einfacher. Mit einer fruchtigen Sauce wird daraus ein ebenso opulentes Festmahl!

90 Minuten | Für 4 Personen

3 Entenbrüste
(à ca. 350 Gramm)
3 EL Zuckerrübensirup
200 ml Rotwein
1 Glas Enten- oder
Geflügelfond
6 frische Feigen
1 Zimtstange
1 Lorbeerblatt
50 ml Cassis-Likör
2 EL Speisestärke
Salz, Pfeffer, Zimt

1. Heize zunächst den Ofen auf 100 °C vor (Ober-/Unterhitze). Ritze die Haut jeder Entenbrust im Abstand von etwa 2 cm quer ein (dabei aber nicht das Fleisch verletzen!).

2. Erhitze nun eine Pfanne ohne Fett und gib die Entenbrüste mit der Hautseite nach unten hinein. Brate sie etwa 3–5 Minuten, bis das Fett ausgetreten ist und die Haut schön knusprig erscheint. Drehe sie um und brate sie erneut 1–2 Minuten, bis auch die Unterseite braun ist.

3. Wickle die Entenbrüste in Alufolie und lasse sie im Ofen etwa 45 Minuten garen, bis sie innen schön rosa sind.

4. Aus dem Bratenfond wird nun die Sauce gemacht: Das ausgetretene Fett kannst du abschöpfen. Den Fond löst du, indem du den Zuckerrübensirup in die heiße Pfanne gibst und beides gemeinsam erwärmst.

5. Nun löschst du diese Mischung mit dem Wein und dem Fond ab und lässt alles um etwa die Hälfte einkochen. Währenddessen nimmst du das Fruchtfleisch der Feigen heraus und gibst es mit der Zimtstange und einem Lorbeerblatt in die Sauce. Alles muss nun etwa 5 Minuten weiter einkochen.

6. Zuletzt rührst du den Likör und die Speisestärke glatt und bindest damit die Sauce. Entferne Lorbeerblatt und Zimtstange und schmecke die Sauce nach Wunsch mit Salz, Pfeffer, Zimt, Wein oder Likör ab.

7. Nimm die Entenbrust aus dem Ofen und schneide sie in Scheiben.

Tipp Gut dazu schmecken Blaukraut und Seidene Klöße (s. S. 180), Nudeln oder Polenta-Sterne.

Register

Impressum

Verantwortlich: Sabine Klingan
Lektorat und Redaktion: Larissa Rabe, München
Layout: Elke Mader, München
Repro: LUDWIG:media
Herstellung: Alexander Knoll
Printed in Slovenia by Florjancic

★★★★★

Sind Sie mit diesem Titel zufrieden? Dann würden wir uns über Ihre Weiterempfehlung freuen. Erzählen Sie es im Freundeskreis, berichten Sie Ihrem Buchhändler oder bewerten Sie bei Onlinekauf. Und wenn Sie Kritik, Korrekturen oder Aktualisierungen haben, freuen wir uns über Ihre Nachricht an J. Berg Verlag, Postfach 40 02 09, D-80702 München oder per E-Mail an lektorat@verlagshaus.de.

Unser komplettes Programm finden Sie unter www.j-berg-verlag.de

Alle Angaben dieses Werkes wurden von den Autoren sorgfältig recherchiert und auf den neuesten Stand gebracht sowie vom Verlag geprüft. Für die Richtigkeit der Angaben kann jedoch keine Haftung übernommen werden, weshalb die Nutzung auf eigene Gefahr erfolgt. Sollte dieses Werk Links auf Webseiten Dritter enthalten, so machen wir uns die Inhalte nicht zu eigen und übernehmen für die Inhalte keine Haftung.

Bildnachweis: Alle Bilder im Innenteil und auf dem Umschlag stammen von Felix Wiesel.

Umschlagvorderseite: Fränkisches Schäufala (S. 78)
Umschlagrückseite: Gold- und Silbertorte (S. 36)

Die Deutsche Nationalbibliothek verzeichnet diese Publikation in der Deutschen Nationalbibliografie; detaillierte bibliografische Daten sind im Internet über http://dnb.d-nb.de abrufbar.

Aktualisierte Neuauflage

ISBN 978-3-86246-610-8